Eyshila Santos

NADA PUEDE CALLAR A UNA *mujer* de *fe*

©2019 por Eyshila Santos

1ª edición (portugués): mayo de 2019
1ª edición (español): marzo de 2021

TRADUCCIÓN
Javier Humberto Martinez

REVISIÓN
José Gabriel Rincón Cedeño
Claudia Sarmiento

CUBIERTA
Rafael Brum (layout)
Editorial Hagnos (adaptación)

DIAGRAMACIÓN
Sonia Peticov

EDITOR
Aldo Menezes

COORDINADOR DE PRODUCCIÓN
Mauro Terrengui

IMPRESIÓN Y ACABADO
Imprensa da Fé

Las opiniones, las interpretaciones y los conceptos expresados en esta publicación son responsabilidad del autor y no reflejan necesariamente el punto de vista de Hagnos.

Todos los derechos de esta edición reservados para:
EDITORA HAGNOS LTDA.
Av. Jacinto Júlio, 27
04815-160 — São Paulo, SP
Tel.: +55(11) 5668-5668

Correo electrónico: editorial@hagnos.com.br
Página web: www.mundohagnos.com

Datos Internacionales de Catalogación en la Publicación (CIP)
Angélica Ilacqua CRB-8/7057

Santos, Eyshila Oliveira

    Nada puede callar a una mujer de fe / Eyshila Oliveira Santos. — São Paulo: Hagnos, 2019.

    ISBN 978-65-86048-67-4

    1. Mujeres — Vida cristiana 2. Cristianas 3. Fe 4. Ánimo 5. Devoción I. Título

19-0286   CDD 248.843

Índices para catálogo sistemático:
1. Mujeres — Vida cristiana

Editorial asociada con:

Dedico este libro a mi madre, Zulmira de Souza Oliveira. Si existe una mujer más empoderada por el Espíritu Santo que ella en este tiempo la desconozco. Su fe me inspira. Madre, tú eres para mí el mayor ejemplo de mujer de fe. ¡Te amo!

Agradecimientos

Agradezco a mi Dios, mi padre y amigo más fiel. Solo él tiene el poder de obrar en mí el querer como el hacer. Él es la fuente de mi fe, alegría y fuerza.

A mi esposo Odilon Leal Santos, mi amor y mejor amigo. ¡Cómo amo a ese hombre!

A mi hijo Lucas, herencia y recompensa que Dios me dejó. No tengo palabras para expresar mi gratitud a Dios por su vida. Él es la flecha que todavía veré llegar más lejos que su padre y que yo.

A mis padres, pastor Antonio Oliveira Neto y doña "Zuzu", de quienes heredé el amor por la música, la Palabra de Dios y la lectura. Columnas de oración en mi vida. ¡Los amo más de la cuenta!

A mis pastores Silas y Elizete Malafaia, mis mentores y ejemplos de fe.

Al pastor Alexandre Rangel y Ana Claudia, mis pastores locales, así como amigos muy especiales.

A mis hermanos Liz Lanne, Wellingthom y Wesley, y cuñados Rubens, Giselle y Patricia, mis más fieles seguidores en esta tierra. Además de mis sobrinos Maithe, Duda, Rebeca, Heitor, Bia y Malu.

A la Editora Hagnos, por la excelencia en todo lo que se propone hacer por el Reino, y a todo su equipo, que me recibió con tanto cariño y no midió los esfuerzos para ayudarme en todo lo que necesité.

A Julio Carvalho, gerente comercial y márquetin, por el contacto y por las ideas que me inspiraron.

A Juan Carlos Martínez, gerente editorial, por la paciencia y las lecciones que me dio. ¡Genial!

A Norma Cristina Braga, por su esmero en la revisión y redacción.

A Andrea Filatro, por la segunda revisión. ¡Quedó *maravilloso*!

A esta preciosa familia formada por Mauro, Marilene y Thiago Terrengui, que son el corazón de la editorial, por la credibilidad y la forma honrosa como me recibieron en su casa.

A mi secretaria Elaine Gonçalves, por haber leído, y "llorado" cada capítulo antes de todos, y por su fidelidad de tantos años. Amiga más cercana que muchos hermanos. ¿Qué haría yo sin ti?

A la Dra. Rosana Alves, por su contribución científica tan relevante en este trabajo. Su dedicación me conmovió más de lo que puedo expresar.

A mi amiga y psicóloga Silvana Peres, por abrir aquí su corazón y sus recuerdos como fuente de curación, y por haber sido usada por Dios en mi casa como oasis en el peor desierto de nuestra vida. ¡Seguiremos viviendo otras victorias!

A la Dra. Andreia Lima, amiga y compatriota, por su aporte en forma de testimonio y por no darse por vencida jamás. ¡Me inspiras, mujer!

A las amadas amigas Renata Matheus y Bianca Toledo, por los testimonios impactantes de vida que han animado a multitudes.

A mis siempre amadas y *best friends* de la vida, eternas ustedes, Fernanda Brum y Jozyanne, por haber formado un trío conmigo, abriéndole al pueblo una pequeña ventana de vida en forma de testimonio para la edificación del cuerpo de Cristo. ¡Las amo!

A Julia Giustino, amiga reciente, pero más que presente. Ya es parte de nuestra familia. Los amo, Du, Vi y Felipe.

A Priscila querida, mi amiga pastora *rock*, *ska*, *surf*, predicadora poderosa y llena del Espíritu Santo. Regalo de Dios en este momento y para siempre.

A todos los pastores y pastoras que me han confiado sus púlpitos y sus preciadas ovejas en estos más de veinte años de ministerio, mi eterna gratitud. A los intercesores que oraban y todavía oran por mí, extendidos por Brasil y el mundo.

Especialmente a mi iglesia, Asambleas de Dios Victoria en Cristo, que ha sido mi cuartel general, mi refugio y mi fuente de sanidad durante la mitad de la vida que he vivido.

Ciertamente el bien y la misericordia me seguirán todos los días de mi vida, Y en la casa de Jehová moraré por largos días (Sal 23.6).

Prefacio

Nada puede callar a una mujer de fe no es un libro más presentado al público, sino un lenguaje que se hace público a través de un libro, un lenguaje que sale del centro del alma de una mujer que podría callar el dolor y ser solo un portavoz de los mensajes bíblicos en sus canciones. Sin embargo, decidió, una vez más, no quedarse callada ante el dolor de existir en las angustias más difíciles de la vida.

Eyshila fue siempre una voz de alabanza y adoración en toda su existencia, una voz ungida que fluye de un alma inspirada, traduciendo en canciones las más vívidas expresiones de su ser. Además de sus canciones, su voz también resuena en la ministración de la Palabra y en los testimonios que revelan su profunda intimidad con Dios.

El dolor puede, muchas veces, enmudecer a una persona y arrojarla a la depresión, en un proceso de rechazo subjetivo — renunciar a sí misma, a la alegría, a la motivación para vivir y a la esperanza de un futuro prometedor. Sería comprensible para muchos una respuesta de esa naturaleza para alguien que está sufriendo o viviendo un luto, Acomodarse en la cama de la victimización parece ser más fácil y es la salida que muchos escogen. Sin embargo, la victimización crea una mentalidad de vida pesimista, llevando a la persona por el camino de la amargura. Se pierde la capacidad de ver la belleza de la vida, además de privarse de la gracia de Dios, es decir, permitirse disfrutar de los beneficios que el Padre le da a través de su Hijo Jesús.

Definitivamente esta no es Eyshila, y no fue ese el camino que ella escogió caminar. En medio del dolor de la pérdida, cuando pensó que ella ya había gastado todas sus reservas emocionales en los desafíos vividos como esposa, nuevamente emergió la guerrera valiente, luchadora, para ir más allá de lo que ya había experimentado. Sabemos que en el ciclo natural de la vida son los hijos quienes entierran a los padres, y la inversión de ese orden produce sentimientos y sensaciones que no se pueden nombrar, ante la devastación del dolor profundo y abrumador.

¿Cómo encontrar recursos internos para sacar el alma — esa alma nuestra tan humana — del calabozo de las lágrimas y el dolor? ¡Ah, esa es una obra para el Espíritu Santo de Dios, que entra con su sublime consuelo! No obstante, su consuelo necesita ser acogido en el alma, en el permiso dado para sentirse como niño en el refugio acogedor del Padre.

Este es el momento en que el Espíritu Santo sedimenta la bienaventurada esperanza en el corazón. La esperanza es el ancla del alma, como escribió el autor de Hebreos. Así como en el mar revuelto y en las tempestades de la vida, el ancla da firmeza y sustento al barco, la esperanza calma el alma cuando las emociones afloran como un temporal de las olas encrespadas.

Este es el camino de la fe. No una fe como un asentamiento intelectual religioso, sino la fe que pulsa e instila vida, la fe que abre los ojos a una visión del futuro más allá de la muerte, la fe que hace ver lo invisible, que vislumbra las promesas en la convicción que lo que el Abba Padre habló es verdadero y digno de confianza.

En verdad, este libro de Eyshila es una expresión real de lo que el apóstol Pablo afirma en 2 Corintios 4.13: *conforme a lo que está escrito: Creí, por lo cual hablé*. La fe es el fundamento que sustenta el lenguaje que aflora del alma de la mujer que no se calla. No se calla, a pesar de la pérdida y el dolor; no se calla, a pesar de las lágrimas que insisten en revelar el lenguaje del alma; no se calla, a pesar del luto y la nostalgia.

Eyshila no se calló en ningún momento. En medio del luto y el dolor, ella ministró en algunos congresos en los cuales yo estaba presente, y el lenguaje que hacía eco de su alma visibilizaba la acción del Espíritu Santo, evidenciando la fe que fluía en sus palabras.

Algunas frases fueron muy especiales:

"Si yo tengo que llorar, que sea en el altar del Señor. Cambie su dolor por la presencia de Dios". El altar es el mejor lugar para llorar y recibir consuelo, donde las lágrimas son recolectadas como preciadas para Dios. Este es siempre el lugar de refugio, amparo, acogida y presencia.

"El enemigo no puede resistir a una mujer que camina por aquello que cree". Se trata de una verdad incuestionable que la autora validó en su trayectoria y en las páginas de este libro.

"Si yo tengo que llorar que sea en movimiento". Sí, y tengo que llorar, porque llorar hace parte de nuestra humanidad y es importante para limpiar lo emocional de las emociones angustiantes. Sin embargo, llorar en movimiento es de otro orden. La vida late, a pesar del dolor, y el pulso de la vida exige movimiento y no estancamiento. ¡Qué sublime revelación que la autora recibió por haber decidido buscar la sabiduría como un tesoro preciado! Eso es mirar la vida desde la perspectiva de Dios, la sabiduría que viene de lo alto, el discernimiento que sobrepasa lo visible. Es interpretar las pérdidas como oportunidades de ganancias espirituales. *Los que sembraron con lágrimas, con regocijo segará.* (Sal 126.5). Los cantos de alegría fluyen del alma y de la voz a esa adoradora, esa mujer de fe que no se calló.

La verdad, al leer este libro, usted ampliará la comprensión sobre el luto de una manera muy especial, en la elaboración del alma de una princesa del Padre, que ya revelaba su fe mucho antes de haber recorrido los difíciles caminos del valle de la muerte, del dolor de la pérdida y de la real vivencia del luto. Porque creyó en la bondad y la misericordia, porque confió en la soberanía de un Dios bondadoso, porque ancló su alma en la esperanza, no se quedó callada. Es necesaria la fe, es necesario creer, es necesario confiar, más allá de la razón humana, para no permitir el enmudecimiento del alma: Creí, por eso hablé.

La autora escogió además algunas historias bíblicas para respaldar su tema y el propósito de este libro. Son relatos de las Escrituras que amplían la comprensión de la importancia de la fe como fundamento de sustento en nuestra trayectoria humana, como seres espirituales que somos. Cada relato trae una lección de vida bien comprendida por la autora, que nos ayudará a enfrentar las adversidades y desafíos de la vida con base en lo que creemos.

Nunca vamos a acostumbrarnos cona la muerte, porque no fuimos creados para morir. La muerte es una transgresión de la vida original recibida en el Edén. Fue necesaria la sangre derramada por el Hijo de Dios en la cruz del calvario para vencer la muerte. Jesús murió, pero no se quedó prisionero de la muerte; él resucitó y por eso venció la muerte. Creer que la muerte fue vencida es la base y el fundamento de la fe, y la aceptación de que el cuerpo corruptible sobrepasa esta dimensión terrenal y se reviste de incorruptibilidad para retornar a la casa del Padre. Como dice el apóstol Pablo: *Y si morimos con Cristo, creemos que también viviremos con él* (Rom 6.8).

La muerte de Matheus fue algo inesperado, abrumador e incluso devastador dentro de los límites de nuestra racionalidad humana. Todos nosotros, juntos con Eyshila, oramos intensamente por el milagro. Pero, como ella relata, el ambiente que se creó en torno de su hijo alcanzó una dimensión mucho más allá de lo visible. Se formó una corriente de oración e intercesión, de unidad de propósito, de amor y adoración, que proyectó a cada intercesor en la dimensión espiritual de la gracia de un Dios que consuela, que mira con misericordia a sus hijos en una humanidad que sufre el dolor de las limitaciones humanas.

Fue en medio de las agitadas olas del mar revuelto de la vida que Eyshila no se quedó callada para alentar a otros que están sufriendo, que se están sintiendo solos, que están desesperados con la posibilidad del naufragio: "Las mismas olas que hoy la aterrorizan van a conducir su barco al lugar que Dios planeó. La tempestad hace parte del camino, pero no es su fin. Manténgase firme. Existe vida después de la tempestad". ¡Aleluya!

Su dolorosa experiencia relatada en las páginas de este libro, junto con las palabras de orientación y consuelo confirman lo que el apóstol Pablo afirmó: *Bendito sea el Dios y Padre de nuestro Señor Jesucristo, Padre de misericordias y Dios de toda consolación, el cual nos consuela en todas nuestras tribulaciones, para que podamos también nosotros consolar a los que están en cualquier tribulación, por medio de la consolación con que nosotros somos consolados por Dios* (2Cor 1.3-4).

La autora no silenció el dolor, sino que le dio un significado revelado en la elaboración de su luto experimentado con las lágrimas de la sensibilidad de una madre. Ella se permitió vivir su humanidad sin rótulos religiosos de superpoderes, para abrir hoy sus labios en expresiones de profunda comprensión de amor y de la gracia de Dios, aun cuando la respuesta de Dios no cabía en los estándares humanos de nuestra racionalidad. Y, para mí, la expresión más significativa que proviene de la esencia de su alma, que tan profundamente nos contó cómo surgió y se transformó en canción, fue "El milagro soy yo". Se hizo claro que la autora salió de la vivencia natural a una vida sobrenatural como hija amada del Padre, como princesa del Reino del Abba Padre.

Mi invitación para usted, amado lector, en el prefacio de este libro, es que permita ser tocado por la voz de esta mujer, madre, adoradora experimentada en la pérdida y el dolor, pero también en el bálsamo consolador del Espíritu Santo. Su fe la llevó a los límites del dolor y la impulsó a la superación, la convicción de que ser más que vencedora es, verdaderamente, hacer una travesía por el dolor para descansar en el amor — pues Dios es amor. Aprovechen cada capítulo inspirado de que esta mujer, que no es la Mujer Maravilla, pero es maravillosa, escribió con tanta propiedad, porque recibió la maravillosa gracia de Jesús. Más que una inspiración, un vívido testimonio de una fe que no se puede callar en la voz de una adoradora que vive el milagro de la vida a través de la fe.

ILMA CUNHA
Teóloga, psicoanalista, terapeuta familiar, consultora
y instructora de entrenamientos en el área comportamental
en empresas públicas, privadas y empresas familiares.

Presentación

Hablar de mi hermana Eyshila es muy fácil porque los recuerdos fluyen de una forma muy natural, aunque todo este libro no sea suficiente para contener todo mi amor por ella. Para mí, ella siempre fue una mujer resiliente y llena de fe. Cuando éramos niños y nuestros padres necesitaban viajar para hacer la obra de Dios, ella se quedaba como la responsable de cuidarnos a los tres, mis dos hermanos gemelos y yo. Esa no era una tarea fácil y continúa siendo así (¡risas!).

Ella todavía era muy joven cuando mi padre se dio cuenta que tenía muchos talentos y, entonces, comenzó a incentivarla a invertir en todos estos, incluyendo la escritura. Recuerdo verla dejar de jugar para atender la tarea de copiar la Biblia en inglés desde su propio puño. ¡Cosas de mi padre!

Así ella fue creciendo en obediencia, conocimiento y fe. La fe que Eyshila tiene en Dios es algo marcante y al mismo tiempo latente en su trayectoria de vida. Me acuerdo que dormía en el mismo cuarto que ella, en el mismo camarote, durante toda nuestra infancia y juventud. Yo dormía encima y ella debajo, y todas las noches ella pasaba mucho tiempo orando. No fueron pocas las veces que me desperté con el sonido de sus oraciones.

Eyshila siempre supo a quién recurrir en la hora del dolor, desde nuestra infancia. ¡Mi hermana siempre cuido de mí como una madre-hermana osoa! Ella me enseñó a cantar, predicar, perder la timidez. Me enseñó a andar con mis propias piernas y a volar con mis propias alas. Tuve dificultades en querer volar sola porque mis alas eran muy grandes. ¡Era tan cómodo y bueno volar siempre con ella!

Muchas veces tuve ganas de salir corriendo tras ella, de tanto miedo que me daba de sentirme lejos. La primera vez que nos separamos fue cuando se casó. Fue un año largo y difícil para mí, pero después yo también me casé y ella dio a luz a mi sobrino, Matheus. Un año después vino Lucas. Recuerdo ir a la casa de ella todos los días, solo para estar allá, aun en su ausencia, porque era un lugar de paz. No era fácil para ella ser madre de dos, pero cumplió esa misión brillantemente, hasta el día en que le agradó a Dios tomar a su primogénito. Fue un momento de profundo dolor para toda nuestra familia, y una vez más pude ver a mi hermana rendida a los pies del Señor, adorando a pesar de su propio dolor, como una flor que exhala su aroma más precioso cuando es aplastada.

Pasamos por muchas alegrías, conquistas, dolores y pérdidas, pero hoy sabemos que podemos todas las cosas en Aquel que nos fortalece. Es con esa fuerza de Dios que ella consigue inspirar a tanta gente. Ella no es una bendición solo en las páginas de un libro para usted, lectora. Ella es una bendición como esposa, hija, amiga, madre y hermana, entre bastidores, donde usted no tiene acceso. Ella es mi mejor amiga y confidente. Es capaz de guardar mis secretos mejor que yo misma. Si yo pudiera escoger mil veces una hermana, escogería a Eyshila, conforme es porque, para mí, es un ejemplo para seguir. Ella es una mujer que ama servir a Dios y no renuncia a ello. Es un tanque de guerra que se reúsa a pararse frente a los obstáculos que puedan surgir. Ella pasó por el luto cantando que no iría a parar, y se dispuso a continuar, andando y llorando, adorando a Dios y dando valor a las personas. Esto ha hecho de ella una mujer conocida en el cielo y temida en el infierno. Ella se negó a morir, pero decidió vivir porque ella es el milagro.

Mi hermana no tiene miedo de la muerte porque Jesús venció la muerte y sabe que, si un día la muerte se le acerca, la encontrará aferrada a las promesas de Dios. La muerte nunca va a derrotarla porque sabe que existe un cielo donde verdaderamente vivirá eternamente adorando al Rey Jesús. Su vida es la prueba de que *nada puede callar a una mujer de fe*.

LIZ LANNE ARAÚJO
Cantante, compositora y la hermana pequeña de Eyshila

Contenido

Introducción • 17

Parte uno: CAMINO

Capítulo uno
La mujer de los tiempos actuales • 23

Capítulo dos
La importancia de la oración • 30

Capítulo tres
Lágrimas en el altar • 38

Capítulo cuatro
Dios al control • 47

Parte dos: BATALLA

Capítulo cinco
Batalla • 57

Capítulo seis
Despedidas y aprendizajes • 67

Capítulo siete
Firme en medio de las tempestades • 81

Capítulo ocho
Mujer Maravilla • 89

Parte tres: EL PLAN DE DIOS

Capítulo nueve
El plan de Dios • 107

Capítulo diez
Más sobre el perdón y perseverancia • 123

Capítulo once
Entre la fe y la depresión • 132

Capítulo doce
Habla conmigo • 143

Parte cuatro: MUJER VIRTUOSA, MUJER DE VICTORIA

Capítulo trece
Como piedra preciosa • 163

Capítulo catorce
Pequeños detalles • 174

Capítulo quince
Produciendo perla • 185

Capítulo Dieciséis
El milagro es usted • 207

Conclusión • 229

Introducción

Porque aún un poquito, Y el que ha de venir vendrá, y no tardará. Mas el justo vivirá por fe; Y si retrocediere, no agradará a mi alma. Pero nosotros no somos de los que retroceden para perdición, sino de los que tienen fe para preservación del alma (Heb 10.37-39).

"¿Puedo darte un abrazo?" Esta es una de las preguntas que más he oído en estos últimos tiempos. Un momento que me marcó fue cuando, al entrar en una tiendita de souvenirs en Natal- RN, fui abordada por la vendedora que, con los ojos llenos de lágrimas, me preguntó ¿Usted no es aquella madre que perdió un hijo?"

Yo le devolví la pregunta con otra: "¿Usted es evangélica?"

A lo que ella me contestó: "No, soy católica, pero oré mucho por su hijo".

En aquel momento fui invadida por una mezcla de gratitud e indignación. Gratitud porque Dios, en su infinita misericordia, estaba una vez más mostrándome el tamaño del ejército sin fronteras, sin rótulos, sin nombre en mi lista de contactos, pero inmensamente poderoso que él había levantado para interceder por mi casa y por mí. Personas que nunca habían oído hablar de mí, ni como cantante ni compositora. Solo sabían que yo era la madre de Matheus, el niño que había muerto.

Sin embargo, no pude esconder de Dios mi indignación frente a la perspectiva de ser conocida como la madre que perdió un hijo. Entonces miré dentro de los ojos de aquella gentil señora y le respondí: "No, mi amada. Yo no soy la madre que perdió un hijo. La gente solo pierde a alguien cuando no sabe dónde está esa persona. Yo sé exactamente a dónde fue mi hijo; él fue a los brazos del Padre".

En aquel momento yo también contuve algunas lágrimas, la abracé con mucho cariño y gratitud por las oraciones que ella había hecho por mi hijo y por mí, aún sin conocerme. Escogí algunos recuerdos de su tiendita para comprar y ella me honró con un regalo.

Cuando salí, comencé mi diálogo con Dios, como de costumbre, después de situaciones que me confrontan. Yo dije: "Señor, yo no perdí a mi hijo. Yo te lo devolví a ti. Yo acepté tu voluntad y decidí seguir adelante por la fe. Entonces, yo no quiero ser conocida por el dolor que viví, sino por el dolor que vencí. Ese es nuestro trato. Al final el milagro soy yo. Amén".

Salí de aquel lugar con mucha paz en mi corazón y con la certeza de una misión más: Animar a mujeres que siguen al frente, a pesar de sus dolores y frustraciones, probándoles que por medio de la fe genuina en la persona de Jesucristo podemos volver a soñar, sonreír, engendrar, producir, cantar, predicar, componer, escribir, pintar, esculpir e inspirar a personas a nuestro alrededor. Verdaderamente no hay límites en la vida de quien usa su fe.

Existen personas que están de acuerdo con la fe, pero no la usan en beneficio propio. Se alegran con la fe ajena, pero están muy frustrados para pensar que esa misma fe puede edificar su vida. Quien no tiene fe retrocede, quien tiene fe avanza. Quien no tiene fe desiste, quien tiene fe persiste. Quien no tiene fe se aísla, quien tiene fe abraza. Quien abre los brazos para abrazar también se pone a disposición para la sanidad que Dios quiere ministrar. Todas las veces que Dios quiere curar una persona, usa otra persona. El Espíritu Santo habita en personas. En mi búsqueda por sanidad emocional yo me abrí a innumerables abrazos e historias de superación. Cada historia que escuché se volvió para mí una fuente de inspiración en mi proceso. Algunas de estas las aparte para compartirlas con ustedes en este camino que vamos a recorrer juntas. Así, tendremos herramientas para seguir adelante, contando nuestras propias historias y curando otras vidas.

Este no es un libro sobre el dolor que yo viví, sino sobre el dolor que yo vencí. Espero que usted se identifique con cada palabra que el Espíritu Santo usó para ministrar mi corazón en ese período, y que también sea incentivada a desear la curación, que es el comienzo para vivir una gran historia de superación y victoria. En esta vida, siempre vamos a encontrarnos con desafíos. Mi propósito es que usted, mujer preciosa, sea capaz de encarar cada uno de estos con los ojos de la fe. Solamente la fe nos hace querer vivir a pesar de las desilusiones, decepciones, frustraciones, pérdidas y dolores inevitables del camino que tenemos que recorrer. Pero usted es mujer, y Dios la dotó con habilidades que hacen de usted quien es. Aquello que le falta, no se preocupe, porque Dios lo tiene.

Ponga el pie que Dios pone el suelo. Que el Señor se le revele de una forma sobrenatural en este tiempo. Esta es mi sincera oración.

EYSHILA SANTOS

PARTE UNO

CAMINO

"Estad siempre gozosos.
Orad sin cesar. Dad gracias en
todo, porque esta es la voluntad
de Dios para con vosotros
en Cristo Jesús."

1 Tesalonicenses 5.16-18

Capítulo uno

La mujer de los tiempos actuales

Dice la leyenda que un hombre poseía dos vasos. Uno era viejo, anticuado y lleno de grietas. El otro era nuevo, intacto y estaba en perfecto estado. Todos los días aquel hombre recorría un camino llevando los dos vasos llenos de agua. Sin embargo, el vaso viejo y agrietado llegaba al otro lado prácticamente vacío, porque el agua que contenía se filtraba por las grietas. Al contrario, el vaso nuevo llegaba al otro lado conteniendo cada gota que fue depositada en su interior al inicio del camino. Un día, el vaso viejo, frustrado con el fracaso de su vida diaria, dijo a su señor: "maestro, todos los días somos llevados en sus hombros, yo y el vaso nuevo, uno a cada lado. Ambos tenemos una misión: transportar agua hasta el otro lado. Sin embargo, veo que no he conseguido atender sus expectativas. El agua depositada en mi interior no llega al otro lado del camino. Siendo así, me pongo en la disposición de ser descartado".

Aquel hombre inmediatamente respondió: "¡Ni pensarlo! Aquí en esta casa no hay nada desechable. El vaso nuevo y el vaso viejo me son útiles. ¿Conoce esas grietas que usted tiene? Percibí que el agua avanzaba por ellas, sin embargo, esa misma agua regaba el camino por donde yo pasaba. En el lugar de la tierra seca que alguna vez arañaba mis pies cansados, nació una hierba fresca y suave. En el lugar de un escenario desértico y caótico, flores empezaron a brotar. A causa del agua que vació, el camino mejoró. Por tanto, no hay que lamentar. No hay necesidad de comparación. Mientras el vaso nuevo transportaba intacta el agua que yo deposité en él, usted regaba el camino por donde yo pasaba, embelleciéndolo, dando sombra y haciendo mucho más hermoso mi caminar".

En esta vida, no importa la edad del vaso, sino su función. Sea un vaso nuevo, recién inaugurado, lindo y moderno, o un vaso antiguo, agrietado y aparentemente pasado de moda, Dios jamás va a descartarla, mujer. Esté lista para ser utilizada por el Señor en aquello que él le propone. Él no descarta sus vasos; más bien, los reinventa.

Dios jamás va a descartarla.

Ser mujer es una dádiva y, al mismo tiempo, un desafío. Cuando Dios creó al hombre y la mujer dijo que ella sería una ayuda idónea, él la dotó de una capacidad para solucionar problemas aparentemente imposibles. Pasa que aquello que debía ser imposible es combustible en las manos de una mujer conquistadora.

No fue en vano que Dios originalmente la llamó ayuda, en el original, Ezer, cuyo significado es "alguien que ayuda al otro en la hora de la batalla (brindar una asistencia)[1]; animadora". Esos atributos son dedicados al propio Espíritu Santo. Que yo sepa, no hay nada peyorativo en parecerse a Dios mismo. Él no nos hizo subalternas, sino aliadas. Él no nos hizo enemigas, sino compañeras del hombre. Dios nos creó para sumar, no para restar o dividir.

> "*Y dijo Jehová Dios: No es bueno que el hombre esté solo; le haré ayuda idónea para él*" (Gn 2.18).

Desde la fundación del mundo, la mujer fue considerada por Dios como solucionadora de problemas insolubles. Dios la dotó de una visión

---

[1] MERKH, David. *Comentário lar, família & casamento*. São Paulo: Hagnos, 2019, p. 55, nota 11.

privilegiada sobre los hechos que se acercan, aquello que las personas llaman sexto sentido, pero en verdad no es sino una aguda sensibilidad para ver no solo con los ojos naturales, sino también con los del corazón.

Se ha hablado mucho sobre el empoderamiento femenino. Esta generación, alimentada abundantemente por una prensa tendenciosa y corrompida de una agenda maligna y cruel engendrada en el infierno, ha impuesto a la mujer una responsabilidad cobarde, en vista de aquello que Dios planeó. A pesar de ser multifuncional, la mujer de los tiempos actuales no se ha dado cuenta del cargo que se le ha impuesto. Vivimos en la era de la comparación y de la exposición exagerada, trayendo sobre los hombros de las más inseguras el peso de ser iguales o mejores que las otras. Hemos visto una generación de mujeres que les importa más los *likes* que reciben en internet que los abrazos de aquellos que verdaderamente las aman. Son mujeres que dejan de ser protagonistas de su propia vida porque necesitan vivir una vida que no es suya. Al final, todo lo que importa es la aprobación de la mayoría.

Esa dependencia emocional de aprobación ha ocasionado innumerables síndromes y paralizado el potencial de muchas ayudadoras, creadas con propósito y llamadas a marcar la diferencia en su generación.

Mujer, usted fue invitada a una guerra, pero no contra sangre o carne.

(…) *Porque no tenemos lucha contra sangre y carne, sino contra principados, contra potestades, contra los gobernadores de las tinieblas de este siglo, contra huestes espirituales de maldad en las regiones celestes* (Ef 6.12).

Usted no es la enemiga del hombre, sino su compañera. Usted no es un error de Dios, sino el fruto de su propósito. Usted es una idea brillante de un Dios que la creó y después se enorgulleció de haber hecho algo muy bueno. Entienda su origen, lo que usted hace aquí y cuál es su destino. Eso hará toda la diferencia en su historia de vida.

El empoderamiento en el sentido de concientización de que las mujeres deben asumir su papel en la sociedad es algo positivo y saludable. No necesitamos de un sentido agudo para estar de acuerdo, por ejemplo, que fue un grande avance para la humanidad que las mujeres hayan ganado el derecho al voto. En Brasil, eso sucedió en 1932, en el gobierno de Getúlio Vargas, pero solamente para las casadas, viudas y con sus propios ingresos. En 1946, el voto femenino pasó a ser obligatorio. En 1985, incluso las mujeres analfabetas obtuvieron el derecho al voto. Desde entonces han sido innumerables los avances, y con los avances también vinieron los excesos, como el feminismo, que es una tergiversación del empoderamiento. Las feministas comenzaron en el siglo XIX, luchando por los derechos de contrato, de propiedad, derecho al voto, derecho a la integridad de su cuerpo y hasta aquí todo bien. Pero después pasaron a luchar por su derecho al aborto, como si el feto fuera una continuación de su cuerpo, solo que no lo es. El feto es un ser tan independiente de la mujer que escoge hasta el día de su nacimiento.

> Mi embrión vio tus ojos, Y en tu libro estaban escritas todas aquellas cosas Que fueron luego formadas, Sin faltar una de ellas (Sal 139.16).

Que quede bien claro que no fue el diablo quien empoderó a la mujer, sino Dios, cuando la llamó "solucionadora de problemas que nadie más puede resolver (Ezer)".

Frente a un escenario caótico de tristeza y fracaso, cuando Eva la primera de todas nosotras, escogió el fruto del conocimiento del bien y del mal, perdiendo así todo el huerto porque se atrevió a disfrutar de algo que Dios no le había dado, Dios mismo se dirigió primero al diablo diciendo:

> Pondré enemistad entre ti y la mujer, y entre tu simiente y la simiente suya; esta te herirá en la cabeza, y tú le herirás en el calcañar (Gn 3.15).

Aparentemente, Dios puso a Adán y Eva sobre una tierra que ya era habitada, pero no dominada por Satanás. Dios los "empoderó" con la habilidad de sojuzgarla.

> *Y los bendijo Dios, y les dijo: Fructificad y multiplicaos; llenad la tierra, y sojuzgadla, y señoread en los peces del mar, en las aves de los cielos, y en todas las bestias que se mueven sobre la tierra* (Gn 1.28).

Hasta el día del pecado original, el mal rondaba nuestro mundo, pero el mundo no yacía en él. Hasta que el pecado llegó, y con este la legalidad que Satanás necesitaba para actuar con furia sobre la humanidad que Dios creó.

Eva tenía el poder de resistir el pecado, pero también tenía la opción de experimentarlo. En aquel momento de profunda vergüenza y tristeza, inmersa en su propio fracaso, Eva escuchó de Dios la siguiente sentencia mezclada con una promesa: "El diablo será su enemigo íntimo para siempre. Pero usted va a engendrar hijos, y un día, uno de ellos va a derrotar a Satanás".

Imagino el infierno movilizándose para neutralizar a los descendientes de Eva. Primero, usando la envidia de Caín para eliminar a Abel. ¡Listo! Uno estaba muerto y el otro era un asesino. Ninguno de ellos podría destruir a Satanás. Imagino a Eva teniendo hijos y pensando: ¿Cuál de estos será aquel que aplastará la cabeza a la serpiente? Creo que ella esperó que ese descendiente se revelara todavía en sus días, que, aunque fueron muchos, no vieron la llegada del Mesías.

Las hijas de Eva en los tiempos actuales nos son tan diferentes de la que las engendró. Todavía queremos lo que no tenemos, y tenemos la pésima manía de meternos en aquello en lo que Dios no nos ha dado. *Aquellos que insisten en aquello que Dios no dio acaban perdiendo algo que ya les pertenecía.*

La mujer original era feliz con lo que tenía, porque disfrutaba de la presencia constante de Dios en el jardín. La mujer actual corre tanto en su día a día, que no percibe que Dios está presente. La mujer original conversaba con Dios todos los días hasta el caer de la tarde. La mujer actual ve su día pasar, y cuando anochece ni siquiera percibe que el día terminó y no tuvo diálogo, un momento de comunión, con su Dios y Señor.

¿Alguna vez has imaginado un mundo en el que la tristeza es una utopía y la felicidad una realidad constante, casi palpable, tan concreta? Así vivía Eva en el jardín.

¿Y si yo le digo que este jardín todavía existe? ¿Y si le digo que en Cristo Jesús hemos vuelto a ser puestas en su jardín privado, un lugar espiritual que nos transporta de un mundo de total desesperación y frustración al centro de su corazón?

Ese jardín existe, y Jesús lo conquistó y nos dio libre acceso a él. La verdad, ese jardín fue regado con su sangre que vació de sus heridas. No hay nada más que nos impida disfrutar de la gloriosa presencia de este Dios cuyo perfume exhala en cada rincón de este lugar, regado y pavimentado por Él.

Ahora nuestra alegría es posible otra vez, a pesar de las pérdidas, dolores y fracasos. Cuando el apóstol Pablo, divinamente inspirado, nos escribió: "Regocíjense", Dios mismo lo impulsaba a animarnos a una práctica que Jesús hizo posible nuevamente.

La mujer de los tiempos actuales no necesita de nadie más. Ella solo necesita saber quién es Dios, y alegrarse en esa verdad.

La mujer de los tiempos actuales no necesita entrar en esa carrera frenética por la aprobación, en la medida en la que ella tiene certeza del amor del Padre. Una mujer verdaderamente empoderada es una mujer segura del amor de Dios. *No hay mujer más empoderada que una mujer amada.*

> *Una mujer verdaderamente empoderada es una mujer segura del amor de Dios.*

Querida mujer moderna, sepa que la presencia de Dios combina perfectamente con su actualidad. Dios no está fuera de moda, mucho menos es anticuado en su concepto de felicidad. Él fue, es y siempre será el motivo de nuestra alegría, la belleza que adorna la vida y el buen olor que perfuma nuestro jardín. Podemos ser modernas y santas. Podemos ser osadas y graciosas. Podemos ser inteligentes y sensatas. Podemos ser felices y realizadas a pesar de todo lo que somos y no somos, a pesar de lo que tenemos e incluso de lo que perdimos.

Podemos ser vasos brillantes y nuevos, o antiguos y rechazados, pero nunca seremos desechables ¿Quién puede descartar los vasos que Dios escoge usar?

Lo que define el verdadero éxito de una mujer actual no es cuánto ella ha conquistado, sino cuánto ha soportado y los dolores que ha superado.

¡Aguante firme, mujer moderna! ¡Usted llegó tan lejos! Y eso es apenas el comienzo de lo que Dios es capaz de hacer en la vida de una mujer de fe. Siga adelante, mujer de los tiempos actuales. Siga por el camino que Dios trazó. Un nuevo y vivo camino marcado por la sangre de Jesús, el hijo perfecto de Eva, el Salvador de la humanidad, Aquel que no solamente nos presentó un camino diferente, sino que se autodeterminó el Camino, la Verdad y la Vida.

Ese camino también es para usted. Entre por él y alégrese, mujer de los tiempos actuales.

Si fue escogida para cargar cada gota de agua dentro suyo para saciar la sed de los que están al otro lado del camino, o si fue separada para regar el camino con sus lágrimas, lo importante es que el dueño de los vasos, Aquel que no la descartó a pesar de las grietas, está dispuesto a caminar con usted hasta el otro lado. ¡Entonces, alégrese en eso, mujer! Sea agradecida por eso, por el privilegio de hacer parte de los propósitos eternos de Dios.

Usted no es un vaso desechable. Dios cuenta con usted en el camino.

CAPITULO DOS

La importancia de la oración

Cuando descubrí que estaba embarazada la primera vez, fue aterrador y, al mismo tiempo, maravilloso. No lo habíamos programado, pero estábamos felices. En aquella época yo había acabado de lanzar el CD *Tira-me do vale*, después de un período turbio en mi matrimonio. Ese período se fue superando cuando Dios, en su misericordia, en su infinita misericordia, hizo una obra completa de liberación en la vida de mi esposo que estaba hacía años esclavizado por las drogas. Hoy para la gloria de Dios, Odilon es pastor.

Estábamos, finalmente, viviendo nuestra luna de miel. Recuerdo que estaba sintiendo muchas náuseas, pero pensaba que era debido al largo viaje a los Ángeles, el primer viaje internacional de mi vida. En la época yo participaba de un grupo llamado Voices, formado por Marina de Oliveira, Fernanda Brum, Liz Lanne (mi hermana) y Jozyanne. Años más tarde, Lilian Azevedo se nos uniría. Estábamos juntas lanzando un CD en español en el *International Dream Center*, en Los Ángeles, participando en un proyecto misionero desarrollado en aquella ciudad por el entonces pastor Tommy Barnet. ¡Qué tiempo precioso! La distancia, la zona horaria y la comida diferente, pensé, eran la razón de mis constantes náuseas. Ah, también tenía el perfume nuevo de Fernanda Brum. ¡Imagínense un perfume fuerte! El de ella lo era mucho más. Ella no lo sabía, pero yo quería vomitar cada vez que se me acercaba con esa fragancia. Y, como si no fuera suficiente con el perfume, ella compró crema, loción, champú y toda la línea de la misma marca. Así no hay ningún mejor amigo que aguante.

En fin, fue la propia Fernanda quien decidió comprar una prueba de farmacia para confirmar si yo estaba embarazada. Ella desconfió de mis náuseas y todo lo que yo quería era desaparecer ese perfume. ¡Ayuda!

Éramos todas muy jóvenes e inexpertas. Solo Marina era madre, pero ella no estaba presente en ese momento. Fernanda tomó la prueba de embarazo con el manual en inglés y la puso en mi mano con una orden: "Tenga cuidado de no verter la orina en el lugar equivocado. Eso puede neutralizar la prueba y solo compre una. Usted está muy mareada, solo puede estar embarazada".

Yo estaba tan mareada que hice la prueba intuitivamente, sin leer el folleto, sin prestar atención. ¿El resultado? Neutralicé la prueba. Perdimos la oportunidad de saber la verdad sobre las náuseas. Decidimos seguir el viaje y esperar el examen de sangre en Brasil. Las náuseas continuaban, el perfume de Fernanda (que hoy, gracias a Dios, ya salió de línea) también. Lo que una soporta por estar cerca de su mejor amiga...

Cuando llegamos a Brasil, hice el examen de sangre y constaté lo que ya era prácticamente una certeza: yo estaba embarazada.

Fue una mezcla de euforia con inseguridad. Una alegría mezclada con la zozobra de cómo sería enfrentar el desafío de la maternidad. Comenzamos los preparativos para recibir al bebé. Después de 38 semanas, Matheus decidió nacer, una semana antes de lo que lo estábamos esperando. En el momento en que la bolsa se rompió, yo llamé a mi esposo, que dio un salto diciendo que debía mantener la calma. Yo estaba calmada, hasta que comenzaron los dolores. La bolsa se rompió alrededor de las 7 de la mañana. Llamé a mi médica, pasé a su consultorio y fui llevada a la maternidad, pero en el camino las contracciones comenzaron con intervalos muy cortos. El parto sería por cesárea por recomendación médica, ya que mi hijo estaba completamente enredado en el cordón umbilical. Pero Matheus no quiso esperar. Alrededor de las 9 de la mañana, yo estaba con tantos dolores que le pedí a Fernanda que dejara de filmar y comenzara a orar. Era insoportable, un dolor que no sabía dónde comenzaba y dónde terminaba. Hoy me arrepiento de no haber filmado el momento exacto en el que Fernanda, aprovechando que mi esposo había ido a la recepción a recibir noticias de la doctora que no llegaba, puso la mano sobre mi barriga, la otra en la espalda e hizo la siguiente oración con mi hermana Liz Lanne: "Querido Dios y Padre, yo sé que Eva pecó. Pero también sé que Jesús llevó sobre sí todos nuestros dolores. ¿Será que tú podrías abreviar y minimizar el dolor de mi amiga en este momento? Yo suplico en nombre de Jesús". Nunca en mi vida vi una oración ser contestada tan inmediatamente.

En aquel mismo instante la obstetra de turno, que estaba casada con el dueño de la sala de la maternidad, entró diciendo que me iba a examinar porque mi doctora estaba agendada para llegar a medio día, pero, si el nivel de dolor que yo decía tener no era fruto de mi ansiedad e inseguridad, algo estaba incorrecto en el horario del parto. Yo le contesté que, a pesar de mi experiencia inexistente, yo tenía la certeza de que mi bebe estaba naciendo.

Me miró fijamente con esa mirada de quien veía que yo era madre primeriza aterrorizada (y lo era) y me dijo: "Esté calmada, todo va a estar bien. Usted debe estar nerviosa. Voy a examinarla para que se tranquilice". Inmediatamente yo la oí convocando a todos los médicos y enfermeras de planta para un parto de emergencia, porque el bebé ya estaba coronando. O sea, yo estaba dando a luz sola, nadie creía en mis dolores. Existen dolores en la vida que son exactamente así: Incluso los más experimentados y cercanos dudan de su intensidad, hasta que decidimos orar, entonces entra en acción Aquel que no sólo cree en nuestros dolores, sino que los disipa. Jesús es Aquel que nos capacita para soportar y superar cada dolor que la vida nos impone. Muchos dolores no pueden ser prevenidos, pero pueden ser soportados e incluso aliviados, con la gracia de Dios y a través del poder de la oración.

Jesús es Aquel que nos capacita para soportar y superar cada dolor que la vida nos impone.

Pensé que sería un parto sin dolor. Escogí un parto sin dolor, hasta marqué la fecha en que quería que mi hijo naciera, 7 julio. Pero él nació el 4, a las 10 de la mañana, por parto normal. Nació lindo y saludable, al son de una canción entonada por Fernanda Brum:

> Sobre tu vida voy a profetizar
>   Ninguna, maldición te alcanzará.
> Sé que Dios tiene para ti
>   Un manantial cuyas aguas nunca faltarán.

Dios me dio la gracia de soportar aquello que yo pensaba era un dolor insoportable. Todos lloraban, hasta los médicos y enfermeros. Yo nunca había sentido una alegría tan grande como esta. En aquel momento, tuve la certeza de que yo era muy poderosa. Yo podría soportar cualquier cosa en la vida para defender a aquel niño que estaba bajo mis cuidados. La sensación que yo tenía era que podía levantarme de aquella cama y llevar un camión en mi espalda si tuviera que hacerlo. Estaba débil de cuerpo, pero mi espíritu no tuvo tiempo de recibir ese mensaje. Creo que ser madre es eso. La carne, a veces se debilita, pero el espíritu ni lo percibe.

Tres meses después yo estaba embarazada de nuevo. Estaba aterrorizada y, al mismo tiempo, emocionada, emocionada con la posibilidad de tener dos hijos tan cercanos, uno por año. En esa época, yo estaba grabando mi segundo CD, *Mais doce que o mel*. Fue un tiempo de miel en nuestra vida, un tiempo de dulzura, de frescura. Dios abrió el cielo, abrió la madre y abrió las compuertas. Fue un tiempo de crecimiento, fortalecimiento y prosperidad para nosotros, que ya habíamos experimentado tantos desiertos a una edad tan temprana.

A los 27 años, yo era madre de dos niños, Matheus y Lucas. Escogí esos nombres por sus significados. Matheus significa regalo, dádiva de Dios. Lucas quiere decir iluminado, aquel que emana Luz. Los dos fueron los mayores regalos que Dios me ha concedido en esta vida.

Pero, aunque amo a mis hijos y estoy agradecida con Dios por el privilegio de ser madre, yo me vi en medio de una tribulación de responsabilidades que me absorbían al punto de sentirme completamente impotente e incapaz. Miraba a mis hijos y pensaba: "Dios, ¿cómo ellos van a conseguir sobrevivir con una madre como yo? ¿Cómo lo sabré?" Me encontraba pensando si todas las madres se sentían así como yo me sentía. Yo ya tenía una agenda súper llena. El CD estaba alcanzando a Brasil, algo que era una promesa de Dios en nuestra vida, y yo me vi completamente perdida en medio de toda aquella presión que era la maternidad y las obligaciones que tenía con mi agenda de cantante viajando por Brasil e incluso en otros países. Entré en una crisis existencial y quise cancelar mi contrato con la compañía discográfica, ya que mi prioridad era ser madre.

No existe realización en una vida pobre de oración.

Dios nos envió una persona muy especial que vivió en nuestra casa los primeros años de la vida de mis hijos, y yo pude entonces, después de algún tiempo, reasumir mi agenda sabiendo que ellos estaban siendo nutridos, bien tratados y amados. Además de eso, yo también contaba siempre con la ayuda de mi súper mamá. ¡Estoy segura de que ella tiene súper poderes! Muchas veces viajé llorando. Perdí algunos de los momentos más especiales en la vida de mis hijos, como el nacimiento del primer dientecito o los primeros pasitos. Pero Dios me dio gracia. Dios siempre nos da un escape en tiempo de incertidumbre. Desde muy joven, aprendí a comportarme en un ambiente de mucha presión y mucha demanda. Necesitaba ser madre, esposa, cantante, predicadora, productora vocalista, compositora, integrante de un grupo, Voices, que exigía bastante dedicación y ensayos, y todavía tenía que administrar tiempo de calidad en familia. De repente me vi inmersa en innumerables actividades, desempeñando mis papales con excelencia, pero con una vida de oración mediocre. Eso me generó una inmensa insatisfacción.

Busqué a mi suegra, Maria Leal Santos, mujer de Dios, madre de once hijos, y le pregunté cómo podía ser una mujer de oración en medio de un torbellino de actividades. Yo estaba completamente perdida con apenas dos hijos. Ella me miró con aquella mirada de amor y misericordia — era como una segunda madre — y me dijo: "Hija, ahora vas a comprender el verdadero significado de lo que la Biblia nos enseña cuando dice en 1 Tesalonicenses 5.17: *Oren continuamente*".

La oración de una mujer de fe es poderosa y eficaz

Cuando nuestra oración no cambia nuestro contexto, algo va a cambiar, aunque sea nuestro corazón. Imposible pasar un tiempo conversando con Dios y permanecer igual. Jesús dijo en Mateo 6.6 que, cuando hablamos con Dios en secreto, nuestro padre que ve en lo secreto nos recompensará.

Existe una recompensa para quien ora. Orar es conversar con Dios. Un diálogo requiere que hablemos y que escuchemos. No existe relación sin comunicación. Muéstreme un matrimonio sin diálogo y yo voy a mostrarle personas frustradas y vacías en esa misma relación. Amigos que no hablan, que no intercambian ideas, incluso secretos, no pueden ser llamados amigos. En Edén, Dios se encontraba con Adán y Eva, las primicias de Su creación, diariamente, al final del día. Desde la fundación del mundo Dios estableció el diálogo como una prioridad para el éxito de nuestra relación con él. Muchas veces todo lo que necesitamos es estar en silencio delante del Señor, permitiendo que su Espíritu ministre su Paz y su dirección a nuestro corazón. Por eso el apóstol Pablo nos advierte en su carta a los filipenses:

> *Por nada estéis afanosos, sino sean conocidas vuestras peticiones delante de Dios en toda oración y ruego, con acción de gracias. Y la paz de Dios, que sobrepasa todo entendimiento, guardará vuestros corazones y vuestros pensamientos en Cristo Jesús* (Fil 4.6-7).

La verdadera paz es algo que jamás faltará en la vida de las mujeres que oran.

Orar no es pasar tiempo dando orientaciones a Dios, como si él no supiera qué hacer con nosotros, o como si pudiéramos hacerlo mejor que él. Orar no es solo presentar a Dios nuestra lista de milagros deseados, aunque no se nos prohíbe pedir.

> *Pedid, y se os dará; buscad, y hallaréis; llamad, y se os abrirá. Porque todo aquel que pide, recibe; y el que busca, halla; y al que llama, se le abrirá* (Mt 7.7-8).

No está prohibido pedir. Pero ¿se ha imaginado alguna vez dentro de una relación en la que la única motivación de la otra persona para hablar o incluso para estar con usted es por lo que tiene que ofrecer? Eso es cualquier cosa, menos una relación. Es un juego en el cual solo uno quiere aprovecharse, sin importar lo que el otro piense o sienta. Eso se parece mucho más a una ruleta en la que alguien tiene que ganar y el otro tiene que perder. Solo en la medida en que vivimos una vida de oración percibimos que la presencia de Dios es algo indispensable, insustituible e innegociable.

> *Gozosos en la esperanza; sufridos en la tribulación; constantes en la oración* (Rom 12.12).

Vemos una vez más que el apóstol Pablo nos advirtió sobre la importancia de la oración. Percibimos que la alegría en la esperanza y la paciencia en la tribulación preceden una vida de perseverancia en la oración. La oración nos trae equilibrio en los momentos más tenebrosos de nuestra existencia. Nuestras crisis son suavizadas cuando son regadas por una vida de devoción y oración.

Un cristiano no sobrevive sin una vida de oración.

La oración no es, ni de lejos, una tarea ardua y agotadora. No fue un castigo que Dios nos dejó, sino un honor y un privilegio que él nos otorgó.

> *El sacrificio de los impíos es abominación a Jehová; Mas la oración de los rectos es su gozo* (Pr 15.8).

Le sugiero que usted se grave algunos de esos versículos, mi querida amiga y mujer de oración.

Pegue un papel en el espejo de su baño y léalo todos los días cuando se cepille los dientes, se peine el cabello o se maquille. Usted será fortalecida cuando llegue a creer en lo mucho que Dios quiere que establezca una relación con él en la que haya una comunicación constante a través de una vida de oración, no solamente en momentos de dolor y necesidad, sino también al final de los días que funcionaron bien. Aquellos días más felices en el jardín de su existencia, cuando todo florece a su alrededor.

¡Que sean muchos los días floridos en su vida! El responsable por aquellas flores también quiere la satisfacción de ver en nuestros ojos la alegría de la victoria y el contentamiento. Él lo sabe, pero quiere oír de nuestra propia boca las palabras de alegría y gratitud. Eso es relación. Eso es vida de oración.

Suba mi oración delante de ti como el incienso, El don de mis manos como la ofrenda de la tarde (Sal 141.2).

Que nuestra oración sea así: por la mañana, un perfume. Al anochecer, una ofrenda. ¡Amén!

CAPITULO TRES

Lágrimas en el altar

¿Por qué orar a veces es tan difícil?

La mejor manera de entenderse con la oración es practicándola. Orar no es una opción en la vida de quien anhela intimidad con Dios. Es la única alternativa. No existe posibilidad de relacionamiento con Dios si no invertimos tiempo en su presencia, adorando su nombre, reconociendo su grandeza, presentando nuestras necesidades, reconociendo su soberanía, mostrando arrepentimiento por nuestros pecados, siendo perdonados a medida que los confesamos.

Si confesamos nuestros pecados, él es fiel y justo para perdonar nuestros pecados, y limpiarnos de toda maldad (1 Jn 1.9).

La oración no debe ser solo un refugio en la hora del desespero, sino un hábito diario y ordinario. No hay poder liberado sin un corazón quebrantado. No hay cadenas rotas sin lágrimas derramadas. No hay victoria ministerial sin persistencia en nuestro devocional secreto. No podemos alardear públicamente de lo que no somos en secreto. Solo seremos poderosos delante del mundo de las tinieblas si dependemos de Dios dentro de las cuatro paredes de nuestro cuarto. Orar no es una ardua tarea dejada por Jesús como castigo para los creyentes. Tampoco es un conjunto de rezos para ser memorizados como un mantra cuando nos resbalamos o tenemos miedo. Orar es un privilegio, una dádiva del propio Dios al hombre. ¿Qué otro Dios puede relacionarse con sus hijos como lo hace nuestro Señor, a través de la persona del Espíritu Santo? ¿Qué otro Dios murió y al tercer día resucitó, y está a la diestra de Dios intercediendo por nosotros?

> *¿Qué otro Dios murió y al tercer día resucitó, y está a la diestra de Dios intercediendo por nosotros?*

¿Quién es el que condenará? Cristo es el que murió; más aún, el que también resucitó, el que además está a la diestra de Dios, el que también intercede por nosotros (Rom 8.34).

Orar es disfrutar del momento placentero con el Creador del universo, que también es nuestro Padre.

Vosotros, pues, oraréis así: Padre nuestro que estás en los cielos, santificado sea tu nombre (Mt 6.9).

Orar no es para los que no tienen nada que hacer, sino para los que tienen poder para escoger. Jesús oraba constantemente. Sí, él nos dejó la famosa oración del "Padre Nuestro" como modelo de inspiración, no como un texto para ser recitado de forma mecánica.

La oración es el combustible del creyente. La oración de fe salvará al enfermo. La oración establece una relación íntima y personal con Dios, siendo la base de una vida victoriosa.

Cuando hablo de vida victoriosa, no hablo de vida libre de adversidades, sino una vida de paz a pesar de las tempestades.

Desde una edad muy temprana de mi vida adquirí el hábito de orar. Primero con mis padres. Uno de los recuerdos más lindos que tengo de mi infancia es de los dos de rodillas al borde de la cama, orando y adorando al Señor, y enseñándonos, a mí y a mis hermanos, y hacíamos lo mismo. Un hábito que adquirí en mi adolescencia fue anotar mis oraciones en cuadernos. Tengo varios diarios de oración guardados conmigo, de vez en cuando me gusta releerlos para ser edificada en mi fe y enumerar la cantidad enorme de veces en las cuales Dios me oyó en causas que parecían imposibles. Veo los cambios que ocurrieron en mí, en mi forma de ver la vida, las cosas que yo solía valorar y hoy ya no las valoro más. Otras que no valoraba y hoy se convirtieron en prioridad. Incentivo a cada mujer a hacer su devocional diario con por lo menos cinco ítems:

1. La Biblia sagrada;
2. Un cuaderno de anotaciones;
3. Lápiz o lapicera;
4. Un libro de su elección para leer después de haber meditado en la Palabra de Dios;
5. Una caja de pañuelos de papel.

La Biblia es indispensable por ser la inerrante Palabra de Dios. Es la brújula que nos guía a través de nuestras andanzas e incertidumbres. Es la Palabra infalible, totalmente inspirada por Dios de comienzo a fin.

Usted va a necesitar también un cuaderno y lápices (o lapicera) para anotar cada frase o texto que el Espíritu Santo sople en su corazón. Busque leer libros, muchos libros, todo lo que usted pueda leer, hay libros que le gusta leer, otros que necesita vencer. Tenga eso en mente. Solo abandone un libro si necesita abandonarla a usted primero. ¿Cuándo un libro nos abandona? Cuando percibimos que no edifica, no instruye ni añade nada a nuestro tesoro intelectual y emocional. Si un libro es solo para succionarla, cámbielo por otro. Después de todo, el único libro que debe permanecer a nuestro lado hasta que la muerte nos separe, como nuestro esposo, es la Santa Biblia.

Escoja autores de confianza, comprometidos con la verdad de la Palabra de Dios, que no distorsionen la Palabra con herejías y mentiras.

Busque autores que la inspiren. La fe viene por el oír y el oír por la Palabra de Dios, pero la incredulidad también llega a través de lo que leemos y absorbemos en el día a día. Una literatura mala y equivocada en su vida puede destruir un concepto verdadero, sustituyéndola por una forma de pensar dañina y mentirosa. Tenemos mucha basura literaria siendo vendida, a veces incluso por precios elevados. Y pasa: las personas los pagan. Personas aun bien intencionadas. Después de una buena lectura devocional de la Palabra de Dios y de un buen libro, corro directo al diario de notas y oraciones registradas como un memorial ante Dios; prepárese para derramarse en su presencia. Lo mejor de la celebración ha llegado: el momento de la oración.

Vale adorar, sonreír, enaltecer al Señor, contar sus secretos y celebrar. También vale pedir perdón, abrir el corazón, quebrantarse, rendirse completamente. Vale incluso llorar. Necesitamos de más quebrantamiento y menos cuestionamiento. Más dependencia menos arrogancia.

Mis huidas tú has contado; Pon mis lágrimas en tu redoma; ¿No están ellas en tu libro? (Sal 56.8)

Usted puede tener un cuaderno con el registro de sus oraciones, pero ¿ya se detuvo a pensar que Dios también tiene un libro de registros de nuestras lágrimas, así como un recipiente en el cual son depositadas? Eso me dice que ninguna de mis lágrimas puede ser desperdiciada. No hay historia vivida por mí, sea buena o sea mala, que Dios no tenga registrada en su libro. Puedo no conocer las razones o motivos de mis lágrimas, pero Dios sí lo sabe. Él tiene todo bien catalogado.

Las lágrimas ruedan mientras Dios trabaja en nosotros
Las lágrimas ruedan, mientras escuchamos su voz
Las lágrimas limpian las impurezas del corazón
Y purifican, trayendo del Señor el perdón
Él nunca despreciará un corazón contrito
Que se quebranta y se rinde en la oración
El llanto puede incluso durar
Toda la noche.

Pero mañana por la mañana la alegría llegará
Estoy seguro de que...
Él limpiará de mi mirada toda lágrima
Cada vez que lloro, estoy sembrando la victoria
Él limpiará de mi mirada toda lágrima
Voy a sembrar llorando
Pero voy a volver cantando
Porque creo en un Dios que puede enjugar
Cada lágrima de mi mirar.

EYSHILA, Mientras Dios trabaja

El primer libro del profeta Samuel cuenta la historia de Ana, mujer preferida del Elcana. Él tenía dos mujeres, Ana y Penina. Penina podía tener hijos, pero Ana era estéril. Ana era una mujer realizada por ser amada por su esposo, pero profundamente frustrada por no poder tener hijos. Para completar, Penina, la otra mujer de Elcana, que no era la preferida, solía hacer esa famosa broma que usamos cuando queremos poner a alguien celoso: "¡Yo sí tengo, usted no!" Penina era del tipo provocadora insistente, y Ana entraba en su juego.

Ana vivía amargada, no se alimentaba bien y solo lloraba. Un cuadro nítido de depresión. Una incapacidad visible de superación.

Me imagino que Ana estaba en un nivel de dolor tan alto que preferiría no vivir más, solo para no tener que encarar su propia realidad.

Una mujer estéril en aquel tiempo estaba destinada a ser una viuda solitaria y desprotegida. Una mujer estéril, en los tiempos de Ana, levantaba la sospecha de que Dios estaba castigándola por algo muy grave. Una mujer casada que no quedara embarazada, se volvía motivo de oprobio y vergüenza pública. Elcana llegaba a ofrecer a

Dios una porción doble en favor de Ana, por lo mucho que la amaba. Pero solamente el amor de su marido no llenaba el vacío de su corazón. Ella necesitaba de más. Ella quería mucho más. Ella ansiaba un milagro.

Hasta que un día, con el alma amargada y angustiada, Ana lloró mucho y oró al Señor.

Nuestras lágrimas generan algo en el mundo espiritual. Si el habla es una expresión de lo que está en nuestras mentes, el llanto es una expresión de lo que hay en nuestro espíritu. Aquella parte invisible que vino de Dios y volverá a él. La parte indescriptible de nuestro ser, que solo Dios puede comprender y descifrar. La parte que se comunica con lo eterno y lo sobrenatural.

> *Y de igual manera el Espíritu nos ayuda en nuestra debilidad; pues qué hemos de pedir como conviene, no lo sabemos, pero el Espíritu mismo intercede por nosotros con gemidos indecibles. Mas el que escudriña los corazones sabe cuál es la intención del Espíritu, porque conforme a la voluntad de Dios intercede por los santos* (Rom 8.26-27).

Ana hizo allí una oración larga al Señor. Ella oraba en espíritu. No emitía sonido, solo movía sus labios y lloraba. Ana lloraba tanto que Elí, el sacerdote, pensó que estaba borracha. Existen borrachos que hacen payasadas, otros que duermen y otros que lloran. ¿Usted ha visto a alguien embriagado hasta ese punto? Yo ya tuve el desagrado de verlo.

> *Entonces le dijo Elí: ¿Hasta cuándo estarás ebria? Digiere tu vino. Y Ana le respondió diciendo: No, señor mío; yo soy una mujer atribulada de espíritu; no he bebido vino ni sidra, sino que he derramado mi alma delante de Jehová* (1Sam 1.14-15).

Y añadió:

> *No tengas a tu sierva por una mujer impía; porque por la magnitud de mis congojas y de mi aflicción he hablado hasta ahora* (1Sam 1.16).

Las lágrimas son producidas en tiempo de angustia y tristeza. Sin embargo, infelizmente no todos los que nos ven tienen la capacidad de interpretarlas de una manera justa y apropiada.

No espere que todos comprendan sus lágrimas, a menos que hayan vivido su dolor. Espere que todos lloren con usted, a menos que tengan compasión, pero esta no es una cualidad presente en todo ser humano. Usted ya tiene sus lágrimas, entonces deje que le hagan compañía en los momentos necesarios. Sepa, sin embargo, dónde depositarlas. Si Dios no las desperdicia, ¿por qué lo hará usted?

Año tras año, Ana lloró en vano. Triste, vacía en su vientre, acomplejada, enfrentada a su rival, humillada, frustrada y angustiada. Cada vez que venía su período menstrual, también sangraba su corazón. Hasta que un día entró en el templo y depositó sus lágrimas en el lugar adecuado: el altar del Señor.

La presencia de Dios es el mejor recipiente para almacenar nuestras lágrimas. Créalo, de lágrimas yo entiendo.

La presencia de Dios es poderosa para enjuagar sus lágrimas.

A los 14 días del mes de junio del 2016, cuando mi hijo primogénito Matheus estaba a un mes de cumplir 18 años, Dios se lo llevó para la eternidad. Fue el día más triste de toda mi vida. No puedo explicar el vacío de una madre cuando entierra a su hijo. Es un dolor que desgarra el alma. Tenía ganas de cambiar de lugar con él, solo para no vivir el drama de aquella brusca separación. Fueron días de muchas, muchas lágrimas colectivas en aquel hospital. En aquella hora, nuestra teología se va por nuestros dedos, olvidamos los versículos que aprendemos y no existen palabras o explicaciones que consigan minimizar la agonía de ese tiempo tan cruel.

No pretendo revivir aquí en este libro cada momento de dolor que viví, pero eventualmente usted va a poder caminar conmigo por los desiertos que yo vencí. No pretendo imponerles, lectoras, mis lágrimas, pero me gustaría que ustedes comprendieran cuán poderosa es la presencia de Dios para enjugar las suyas. El día 14 de junio de 2016, cuando mi familia y yo, y algunos amigos que estábamos en la sala de oración del hospital cantando una canción de adoración a Dios, recibimos la noticia que ninguna madre o padre desean recibir: "su hijo se fue".

> *Al único que es digno de recibir*
> *La honra y la gloria, la fuerza y el poder*
> *Al eterno, inmortal, invisible, pero verdadero Rey,*
> *a Él le ministramos la alabanza*
> *Te coronamos, oh, Rey Jesús*
> *Te coronamos, oh, Rey Jesús*
> *Adoramos tu nombre*
> *Nos rendimos a tus pies*
> *Consagramos todo nuestro ser a ti.*

En aquel momento las lágrimas aumentaron de volumen, y mis oraciones cambiaron de dirección. En vez de pedir a Dios que resucitara a mi hijo, pasé a pedir que Dios me resucitara a mí, porque de alguna forma yo también me sentía muerta. Muerta en mi frustración, muerta en mis sueños, muerta en mi perspectiva de vida, muerta en mi decepción, muerta en mi maternidad. Así como dar a luz un hijo produce la mayor de las realizaciones, enterrarlo produce la mayor de todas las frustraciones.

No existe victoria sobre el luto si nuestras lágrimas no fueron derramadas en el altar de Dios. Si tenemos que llorar, y en esta vida no hay cómo evitarlo, que sea en el altar. Antes que aquel mar de lágrimas me ahogara, resolví agarrarme de Jesús. Yo había perdido mis fuerzas, pero no había perdido mi fe.

Mi cuerpo estaba agotado por los días de intensa búsqueda que pasamos allí en ese hospital, esperando que ocurriera lo imposible, pero mi espíritu estaba listo para seguir adelante, aunque fuera caminando y llorando.

> *Los que sembraron con lágrimas, con regocijo segarán. Irá andando y llorando el que lleva la preciosa semilla; Mas volverá a venir con regocijo, trayendo sus gavillas* (Sal 126.5-6).

Ana osó hacer un esfuerzo fuera de lo normal y se levantó de en medio de sus escombros emocionales para caminar hasta el altar, donde podía llorar, llorar y llorar hasta que la respuesta llegará, hasta que sus lágrimas fueran cura para el alma, no ácido en sus heridas.

Cuando no caminamos mientras lloramos corremos el riesgo de quedar atorados en nuestra lama emocional. Las lágrimas no fueron hechas para inundarnos, sino para regar el camino hasta el altar. Cuando llegamos allá, nuestras lágrimas serán reconocidas por Dios. El Dios que ya sabe lo que deseamos antes que lo declaremos. ¡Pero él nos ama tanto! Él nos ama a pesar de los "no" que nos da. Él a veces dice "no", aun sabiendo que su respuesta nos va a hacer llorar. ¿No sería más fácil que nos diera lo que deseamos? Solo que él no nos prometió la facilidad, pero sí fidelidad. En nuestro paso por este lado de la eternidad, no siempre tendremos todo lo que deseamos. Tendremos sí, con certeza, todo lo que necesitamos. Si necesitamos sanidad, Jesús la realiza. Si vivimos una despedida, él nos consolará. Algunas veces vamos a pasar por tempestades sin que Él nos dé una advertencia, pero tampoco nos abandonará. Prometió estar allí todo el tiempo, a nuestro lado, en nuestro barco, hasta el final.

CAPITULO CUATRO

Dios al control

Y se fue la mujer por su camino, y comió, y no estuvo más triste (1Sam 1.18b).

El primer resultado en la historia del sufrimiento de Ana fue este: un mejor semblante. ¡Eso es todo! Su rostro ya no estaba más abatido. Ella todavía no estaba embarazada, pero estaba feliz. Todavía no tenía un resultado positivo, pero sus lágrimas en el altar producían en su propio corazón la seguridad de que Dios estaba al control. Ella salió de ahí en paz.

Cuanto más pasa la vida, más entiendo
que sin Dios no se puede vivir
No se puede vivir
Cuanto más aprendo de la vida,
más me doy cuenta de que tengo mucho que aprender
Aprendí que no tengo que vivir
preocupada por lo que va a pasar, lo que va a venir.
Lo que es hoy, mañana pasará
En esta vida todo cambia, solo hay un Dios que permanecerá
al control, Dios está, Dios está.
No tengo que preocuparme por lo que vendrá.

Basta cada día su maldad
Solo tengo que confiar y descansar porque Dios está al control.

EYSHILA, *Dios en control*

Nuestras lágrimas tienen un peso diferente cuando son derramadas en el altar de Dios en oración.

No estoy hablando de las lágrimas basales, aquellas que envuelven el globo ocular y sirven para lubricar nuestros ojos. Tampoco hablo de las lágrimas reflexivas, las que son formadas a partir de un reflejo causado por la incomodidad de un fuerte viento o por la misma intromisión de un agente invasor, como una pequeña basurita, por ejemplo. Hay también lágrimas de cocodrilo, que dicen ser las lágrimas falsas. Estas son producidas porque, cuando el animal devora a su presa, el paladar se presiona y sus glándulas lagrimales se comprimen.

Estoy hablando de las lágrimas emocionales, aquellas que solamente los seres humanos generan, que son producidas a partir de dolores emocionales. Son un mecanismo de escape que Dios depositó en cada ser humano a fin de producir alivio en la hora del dolor. Existen momentos en esta vida que solo pueden ser superados si fueron regados por las lágrimas. Estas vienen en momentos inesperados. Son, muchas veces, inconvenientes, inapropiadas, pero son inevitables y necesitan ser liberadas. Solo una cosa necesita estar muy clara en cuanto al asunto de llorar: Nosotros liberamos las lágrimas, sin permitir que nos inunden y paralicen.

Dios busca adoradores que adoren a pesar de las lágrimas, y no simplemente con miedo de que estas existan. Cuando lloramos en el altar de Dios, los pensamientos enemigos son expulsados. Aquellos del tipo: "yo no seré capaz" o "me rindo para siempre". Nuestro ambiente de oración se torna ligero y al mismo tiempo cargado con la gloria del Dios vivo. Eso no es automático, sino algo que debemos cultivar como un hábito diario e innegociable. Nuestro momento devocional, así como nuestro tiempo de oración, necesita ser una prioridad en nuestro día, y no algo que hacemos cuando sobra tiempo o cuando no tenemos más salida.

> Mas buscad primeramente el reino de Dios y su justicia, y todas estas cosas os serán añadidas (Mt 6.33).

Cuando miramos el Reino de Dios como prioridad, él transforma nuestra realidad.

Muchas veces nuestra realidad es una enorme frustración causada por una oración no atendida. Miramos nuestro cuaderno devocional y nuestros ojos se dirigen directo hacia aquel día de dolor, cuando clamábamos ardientemente al Señor, pero la respuesta que él nos dio fue diferente de aquella que esperábamos. ¿Le ha pasado eso?

La gran verdad es que todo lo que está fuera de nuestro control nos incomoda. Entonces, decidimos preocuparnos por aquello que no podemos controlar. Estar al control es cosa de Dios. Todas las veces que, en la historia de la humanidad, alguien intentó hacerlo mejor que él, hubo graves consecuencias. Eva fue atraída por esa posibilidad en el jardín, cuando la serpiente la engañó sobre la posibilidad de estar al control conociendo la verdad sobre el bien y el mal.

Eva fue la primera mujer en ser creada, fue la primera en pecar y también fue la primera en ser rechazada.

> Y el hombre respondió: La mujer que me disté por compañera me dio del árbol, y yo comí (Gen 3.12).

Bienvenida, mujer, al mundo del "sálvese quien pueda" y Dios por todos. En el mundo del conocimiento del bien y el mal, el mismo que la gente tiende a controlar con sus propias manos, como quien intenta contener un océano en una copa de helado, no hay lugar para la caballerosidad. Adán no fue obligado a pecar, pero ni el amor que él tenía por Eva lo hizo asumir su responsabilidad y su parte de culpa inmediatamente. Los ojos de Eva también se abrieron hacia los defectos de Adán, que se abrieron después de que él aceptara el fruto que ella le dio.

Dios se dirigió a la mujer, aquella que el hombre acusó, y le dio otra oportunidad, una oportunidad de ser matriarca de la humanidad. Dios aviso a Eva que ella sufriría para engendrar hijos, pero no recuerdo que Dios le contara que sufriría enterrándolos. Dios no nos cuenta todo, y eso también es prueba de su amor. No estamos preparadas para saber toda la verdad. No tenemos madurez suficiente para eso. Las madres nunca deberían enterrar a sus hijos, las mujeres jamás deberían decepcionarse de sus maridos; pero Eva fue la primera de todas nosotras, ella enterró a Abel, su hijo más joven. También fue la madre del primer asesino, Caín, que se fue de casa dejando a una madre con el corazón roto. Ese fue el mundo que quedó después de la caída. Ese fue el mundo que también Jesús salvó con su muerte y resurrección. ¡Jesús el hijo de Eva!

Cuando queremos asumir el control, necesitamos asumir los daños. Sin embargo, lo que admiro de Eva, esa mujer creada con tanto amor por las manos del propio Creador es la capacidad de superar lo insoportable. Después de vivenciar tantos traumas en su matrimonio, en vista de la despreciable forma en que Adán la acusó ante el mismo Dios y después de la tragedia que involucró a sus dos hijos, ella tenía todo para encerrarse en su propio mundo y pedir la muerte. Eva tenía todo para ser vencida por la culpa de haber sido la primera en pecar e inducir a su esposo a hacer lo mismo. Pero lo superó. ¿Sabe lo que nos hace superarlo? La certeza del amor del Padre. Cuando una mujer sabe que es amada por Dios, tiene el poder de ir más allá de sí misma. Todos sus límites emocionales se expanden y se mueve a un lugar más allá de su dolor, más allá de sus recuerdos, más allá de su pasado, su pecado y sus frustraciones.

> *Y conoció de nuevo Adán a su mujer, la cual dio a luz un hijo, y llamó su nombre Set, Esto es, Sustitución. Porque Dios (dijo ella) me ha sustituido otro hijo en lugar de Abel, a quien mató Caín. Y a Set también le nació un hijo, y llamó su nombre Enós. Entonces los hombres comenzaron a invocar el nombre de Jehová* (Gen 4.25-26).

Dios no nos creó para ser independientes de él. Cuanto más independientes somos de Dios, más queremos que los otros dependan de nosotros. Cuanto menos seamos dirigidos por Dios, más queremos controlar a otros. Notemos que Eva no olvidó el dolor que vivió; más bien, lo superó. Por eso Dios le dio el chance de intentarlo otra vez.

Mujer, usted nació para engendrar y eso nadie puede robárselo. Engendrar causa dolor, incertidumbre e incomodidad, pero vale la pena. Si Dios no le diera hijos naturales, engendre hijos espirituales. Engendre sueños y proyectos mientras ore por su milagro, porque los milagros suceden, y son responsabilidad del único que está de hecho al control de todo: nuestro Dios. Nuestra parte es engendrar. La parte de Dios es soplar. Eva no se rindió y nos dejó un legado de superación.

No siempre tenemos una sentencia audible de Dios que nos explique el porqué de nuestro sufrimiento, pero sabemos que independientemente del motivo de sus decisiones él nos ama y está al control de cada situación.

> *Y la oración de fe salvará al enfermo, y el Señor lo levantará; y si hubiere cometido pecados, le serán perdonados* (Stg 5.15).

¿Pero qué pasa cuando la oración se hace con fe, y sin embargo el enfermo no se levanta? Dios tiene el control de todos modos.

Dios está al control cuando la estéril se cura y engendra hijos, o cuando su vientre permanece cerrado.

Dios está en control cuando la enfermedad es vencida, o cuando cura al enfermo para sí mismo y lo lleva a la eternidad.

Dios está al control en el tiempo de bonanza o de tempestad. Es fácil admitir que Dios está al control cuando todo va bien. Cuando el mundo se derrumba es cuando nos cuesta confiar en la soberanía de Dios. En nuestra opinión, un Dios que tiene el control no permitiría que nuestro mundo se derrumbe. Sucede que aquello que se desmorona desde nuestra perspectiva es visto por Dios desde una perspectiva completamente diferente.

> *Porque mis pensamientos no son vuestros pensamientos, ni vuestros caminos mis caminos, dijo Jehová. Como son más altos los cielos que la tierra, así son mis caminos más altos que vuestros caminos, y mis pensamientos más que vuestros pensamientos* (Is 55.8-9).

Si acertamos, Dios está al control. Si fallamos, Dios está al control. Él no nos deja caer al suelo. Si insistimos y nos lanzamos a nuestros propios precipicios emocionales, él nos alcanza.

Siga al frente, hija de Eva. Levántese, vaya a la presencia de Dios, llore en el altar hasta que su semblante refleje el cambio que Dios promovió en su corazón. Puede ser que, además de su semblante iluminado, Dios le conceda un vientre curado, así como hizo con Ana, que quedó embarazada de un hijo que llamo Samuel.

> *Y Ana oró y dijo: Mi corazón se regocija en Jehová, Mi poder se exalta en Jehová; Mi boca se ensanchó sobre mis enemigos, Por cuanto me alegré en tu salvación.*
>
> *No hay santo como Jehová; Porque no hay ninguno fuera de ti, Y no hay refugio como el Dios nuestro.*
>
> *No multipliquéis palabras de grandeza y altanería; Cesen las palabras arrogantes de vuestra boca; Porque el Dios de todo saber es Jehová, Y a él toca el pesar las acciones.*
>
> *Los arcos de los fuertes fueron quebrados, Y los débiles se ciñeron de poder.*
> *Los saciados se alquilaron por pan, Y los hambrientos dejaron de tener hambre; Hasta la estéril ha dado a luz siete, Y la que tenía muchos hijos languidece.*
> *Jehová mata, y él da vida; Él hace descender al Seol, y hace subir.*
> *Jehová empobrece, y él enriquece; Abate, y enaltece.*
> *Él levanta del polvo al pobre, Y del muladar exalta al menesteroso, Para hacerle sentarse con príncipes y heredar un sitio de honor. Porque de Jehová son las columnas de la tierra, Y él afirmó sobre ellas el mundo.*
> *Él guarda los pies de sus santos, Mas los impíos perecen en tinieblas; Porque nadie será fuerte por su propia fuerza.*

> *Delante de Jehová serán quebrantados sus adversarios, Y sobre ellos tronará desde los cielos; Jehová juzgará los confines de la tierra, Dará poder a su Rey, Y exaltará el poderío de su Ungido (1Sm 2.1-10).*

El Señor fue bondadoso con Ana, pues ella quedó embarazada en tres ocasiones más y dio a luz tres hijos y dos hijas. Mientras eso sucedía, el niño Samuel crecía en la presencia del Señor.

Aquí hay una mujer que entendió la grandeza de Dios antes de experimentar su milagro.

Siempre podemos esperar de Dios ese famoso "infinitamente más". Más amor, más perdón, más consuelo, más gracia para soportar y superar lo que no podemos controlar.

Algunas veces Dios va a curar, otras veces va a llevar. Algunas veces el dolor va a pasar, otras veces va a dar la gracia para soportar el dolor. Habrá momentos en los cuales el trayecto será de bonanza y de paz, otras veces será de tempestad e inseguridad, pero en todas esas posibilidades habrá una realidad imperativa: Dios está al control de su vida. El Dios que todo lo puede, el Dios que todo lo ve, tiene las mejores decisiones sobre nuestros dilemas. Él no se adormece frente a nuestros problemas. Él está al control.

Dios está al control.

Frente a esta certeza, usted puede mirar al espejo otra vez y percibir que su semblante cambió, su sonrisa volvió, que usted soportó el dolor y superó la tristeza. Ahora sí, prepárese para el mejor tiempo de su vida, con Dios al control.

https://bit.ly/2Ue9IUt

PARTE DOS

BATALLA

"Y él se apartó de ellos a distancia como de un tiro de piedra; y puesto de rodillas oró, diciendo: Padre, si quieres, pasa de mí esta copa; pero no se haga mi voluntad, sino la tuya. Y se le apareció un ángel del cielo para fortalecerle. Y estando en agonía, oraba más intensamente; y era su sudor como grandes gotas de sangre que caían hasta la tierra."

Lucas 22. 41 - 44

CAPÍTULO CINCO

Batalla

¿Quién es este Rey de gloria? Jehová el fuerte y valiente, Jehová el poderoso en batalla (Sal 24.8).

En la vida no existe zona neutral. Somos guerreros o víctimas. Avanzamos contra el dolor o somos Vencidos por él. (HERNANDES DIAS LOPES)

AQUALTUNE, LA ESCLAVA INCONFORMISTA

Aqualtune fue una princesa congolesa que vivió en el siglo XVII, hija del rey Mani Kongo. En aquel tiempo, los portugueses invadieron África en busca de cautivos para el comercio de esclavos, actividad vista por nosotros actualmente como una barbarie, sin embargo, algo muy común en aquella época, cuando no se oía hablar sobre derechos humanos. Aqualtune, la princesa guerrera, lideró un ejército de diez mil hombres en la que fue llamada la batalla de Mbwila. Sin embargo, el resultado fue aterradoramente trágico. Su padre, el rey de la tribu, resultó con la cabeza cortada, y la princesa guerrera fue apresada y vendida como esclava reproductora. Transportada en un navío negrero para Gana, fue "bautizada" por un obispo católico y después, como señal del bautismo, marcada con una flor de hierro en el seno izquierdo. Fue traída a Brasil, específicamente a Recife, en el noreste brasilero. Algunos historiadores llegan a afirmar que ella llegó a Brasil embarazada, debido a las numerosas violaciones que había sufrido en el trayecto, ya que su única función era engendrar más esclavos fuertes y guerreros tales como ella.

En Recife, ella fue vendida a un granjero que criaba ganado vacuno, que la puso entre sus peores hombres debido a su fama de insubordinada. Embarazada de seis meses, Aqualtune oyó hablar del Reino de los Palmares, un centro de resistencia creado por los esclavos fugitivos, localizado en las colinas de Pernambuco. Aqualtune era una princesa guerrera, entrenada para batallas, habilidosa con las armas que su padre le había enseñado a usar. Sí, ella había perdido la batalla en Mbwila, había sido prisionera, marcada con un hierro caliente como si fuera un animal, había sufrido el dolor de ver cómo su padre, su héroe, moría decapitado, pero ella sabía quién era. Era una princesa, heredera de un reino, de alma libre. Jamás se conformaría con algo menos que la libertad. Además, era una habilidosa guerrera. Aún habiendo perdido una batalla, todavía tenía por delante la mayor de todas las guerras: la guerra por su propia vida. ¡Y esa no la perdería!

Aqualtune decidió que no sería subyugada por aquellos que, simplemente porque se veían superiores, invadieron su continente, su pueblo y su reino, llevando cautivos príncipes y princesas para volverlos esclavos por el color de su piel. Ellos capturaron a la persona equivocada. Aqualtune no era esclava, no se veía como una esclava y jamás se volvería una esclava. Su mente era de princesa, y además de toda una guerrera. Su padre le había enseñado a jamás rendirse.

Aqualtune se unió a un grupo de esclavos inconformes que destruirían la casa grande, donde vivían los señores de los esclavos, huyó con ellos y pudo llegar al Reino de Palmares. Su liderazgo era algo visible que luego fue reconocido por los demás esclavos. Aqualtune llegó a ser la fundadora de Quilombo de los Palmares. No solamente fue una mujer que se destacó por su liderazgo, sino que también engendró hijos que fueron grandes líderes guerreros y entrarían a la historia, como Ganga Zumba y Ganga Zona, que ganarían fama por su coraje y valentía. Aqualtune también tuvo una hija llamada Sabina, que fue la madre de Zumbi de los Palmares. La conclusión es que esa familia sacada de África le dio mucho trabajo a la corona portuguesa. No fueron guerreros abolicionistas, como muchos piensan, pero fundarían un reino en la parte interior de Brasil, con jerarquía e incluso con esclavos negros.

Si una mujer que solo sabía quién era ella consiguió hacer tal estrago, ¿puede imaginarse lo que hará aquella que milita en la fuerza del Dios del universo y sabe quién es él?

La conclusión que saco de esta historia es que, independientemente del color, la raza, el nivel socioeconómico o incluso la religión, tendremos que enfrentarnos a tragedias que requerirán que tomemos una postura. Tendremos que decidir quién, de hecho, somos en esta vida ¿Princesas o esclavas? ¿Eternas víctimas o guerreras? Aqualtune no es, en mi opinión, una referencia de fe en Dios. Ella no dejó en la historia ningún legado relacionado con su relación con Jesús; por el contrario, fue bautizada a la fuerza en la Iglesia Católica, incluso marcada con un hierro caliente. El final de su historia tampoco fue de los más gloriosos. Ella pudo haber sido capturada en su aldea con otros ancianos o murió quemada. Pero lo que más llama la atención de esa mujer es que, solo en sus fuerzas, con una buena dosis de garra y determinación, fundó un reino dentro de otro. Ella no aceptó su propia esclavitud, no se rindió, no se entregó a sus ultrajadores, mucho menos al dolor de la separación.

¡Imagínese el potencial que una guerrera de esas tendría en la mano del Dios vivo! Si una mujer que solo sabía quién era ella consiguió hacer tal estrago, ¿puede imaginarse lo que hará aquella que milita en la fuerza del Dios del universo y sabe quién es él?

> *Porque las armas de nuestra milicia no son carnales, sino poderosas en Dios para la destrucción de fortalezas* (2Cor 10.4).

TAMAR, LA PRINCESA NO PREPARADA

La Biblia también tiene sus princesas. Tamar fue una de ellas. Fue hija del rey David como la princesa Maaca, que a su vez era la hija de Talmai, rey de Gesur. Tamar vivía en el castillo con todas las comodidades de una princesa, rodeada de belleza y poesía, esperando el momento de encontrarse con su príncipe. Quién sabe si su padre la presentaría al hijo de un rey aliado, vecinos de Israel, que fuera temeroso de Dios, de preferencia joven y saludable, cariñoso y bonito. Ya que ella era una princesa, nada más coherente que soñar con un príncipe. Ella no era experimentada en batallas, pues su papá tenía un ejército a disposición. Ella no tocaba armas, pues eran peligrosas, y su falta de habilidad en su manipulación podría ser letal. Entonces, todo lo que ella quería era estar siempre bien vestida, con sus cabellos peinados, su túnica colorida que la definía como hija virgen del rey, a la espera de un joven que la desposara, pues era muy bonita de acuerdo con la descripción bíblica de su apariencia. Su preocupación más profunda era la ropa que tenía que usar al día siguiente. En aquel tiempo, no había guerra en Israel, por lo menos de puertas hacia fuera. Dentro de la casa de David, sin embargo, una feroz batalla estaba a punto de comenzar.

Existen ciertos relatos de la Biblia que no sé cómo Dios tiene el coraje de contar. ¡Por eso yo amo a ese Dios! Él no tiene recelo de revelar las verdades que considera importantes para nuestro crecimiento y maduración. No es reacio a mostrarnos cuán humanos eran los hombres y mujeres cuyas historias de dolor, superación e incluso vergüenza rompen la barrera del tiempo y nos inspiran aún hoy. La Biblia nunca pasará de moda o estará fuera de moda. Todo lo que pasó hace siglos, incluso milenios, sirve de inspiración para nosotros.

La historia de la violación de Tamar es algo bárbaro y, al mismo tiempo, actual. En todo el mundo escuchamos informes de feminicidio y abuso físico o moral. Lo que no imaginamos es que, al abrir las páginas de la Biblia en nuestro momento devocional, podemos encontrarnos con una escena que parece más una noticia de primera página del periódico más popular de Sao Paulo diciendo:

HIJA DEL REY DE ISRAEL FUE ATACADA POR
SU MEDIO HERMANO Y BRUTALMENTE VIOLADA
EN LAS DEPENDENCIAS DEL PROPIO PALACIO REAL

Y cuando hacemos clic en el título en letras grandes leemos la siguiente historia:

Aconteció después de esto, que teniendo Absalón hijo de David una hermana hermosa que se llamaba Tamar se enamoró de ella Amnón hijo de David. Y estaba Amnón angustiado hasta enfermarse por Tamar su hermana, pues por ser ella virgen, le parecía a Amnón que sería difícil hacerle cosa alguna. Y Amnón tenía un amigo que se llamaba Jonadab, hijo de Simea, hermano de David; y Jonadab era hombre muy astuto. Y este le dijo: Hijo del rey, ¿por qué de día en día vas enflaqueciendo así? ¿No me lo descubrirás a mí? Y Amnón le respondió: Yo amo a Tamar la hermana de Absalón mi hermano. Y Jonadab le dijo: Acuéstate en tu cama, y finge que estás enfermo; y cuando tu padre viniere a visitarte, dile: Te ruego que venga mi hermana Tamar, para que me dé de comer, y prepare delante de mí alguna vianda, para que al verla yo la coma de su mano. Se acostó, pues, Amnón, y fingió que estaba enfermo; y vino el rey a visitarle. Y dijo Amnón al rey: Yo te ruego que venga mi hermana Tamar, y haga delante de mí dos hojuelas, para que coma yo de su mano. Y David envió a Tamar a su casa, diciendo: Ve ahora a casa de Amnón tu hermano, y hazle de comer. Y fue Tamar a casa de su hermano Amnón, el cual estaba acostado; y tomó harina, y amasó, e hizo hojuelas delante de él y las coció. Tomó luego la sartén, y las sacó delante de él; más él no quiso comer. Y dijo Amnón: Echad fuera de aquí a todos. Y todos salieron de allí. Entonces Amnón dijo a Tamar: Trae la comida a la alcoba, para que yo coma de tu mano. Y tomando Tamar las hojuelas que había preparado, las llevó a su hermano Amnón a la alcoba. Y cuando ella se las puso delante para que comiese, asió de ella, y le dijo: Ven, hermana mía, acuéstate conmigo. Ella entonces le respondió: No, hermano mío, no me hagas violencia; porque no se debe hacer así en Israel. No hagas tal vileza. Porque ¿adónde iría yo con mi deshonra? Y aun tú serías estimado como uno de los perversos en Israel. Te ruego pues, ahora, que hables al rey, que él no me negará a ti. Mas él no la quiso oír, sino que pudiendo más que ella, la forzó, y se acostó con ella.

Luego la aborreció Amnón con tan gran aborrecimiento, que el odio con que la aborreció fue mayor que el amor con que la había amado. Y le dijo Amnón: Levántate, y vete. Y ella le respondió: No hay razón; mayor mal es este de arrojarme, que el que me has hecho. Mas él no la quiso oír, sino que llamando a su criado que le servía, le dijo: Échame a esta fuera de aquí, y cierra tras ella la puerta. Y llevaba ella un vestido de diversos colores, traje que vestían las hijas vírgenes de los reyes. Su criado, pues, la echó fuera, y cerró la puerta tras ella. Entonces Tamar tomó ceniza y la esparció sobre su cabeza, y rasgó la ropa de colores de que estaba vestida, y puesta su mano sobre su cabeza, se fue gritando. Y le dijo su hermano Absalón: ¿Ha estado contigo tu hermano Amnón? Pues calla ahora, hermana mía; tu hermano es; no se angustie tu corazón por esto. Y se quedó Tamar desconsolada en casa de Absalón su hermano (2Sam 13.1-20)

Estos son relatos de dos princesas que fueron robadas de sus reinos y, consecuentemente, de sus sueños. La historia de Aqualtune está en los libros didácticos de investigación y enseñanza. La historia de Tamar está en la propia Biblia. Ambas son historias reales de mujeres que tenían algo en común: una gran desilusión en la vida. Una era africana, hija de un gran líder y guerrero de aquel continente. La otra era hebrea, hija del rey de Israel, un estadista, guerrero, músico, compositor, poeta y también experimentado en batallas, famosos por sus conquistas, incluso por la derrota de Goliat, el gigante. Su padre era el gran rey David, hombre conforme al corazón de Dios.

El hecho de que Aqualtune dirigiera un ejército de diez mil hombres cuando fue capturada nos dice que era muy hábil y estaba preparada para la guerra. Ella no era una princesa convencional, vestida con finos vestidos y tiaras de oro. Ella estaba en una guerra, manejando la espada y el escudo, luchando para defender su reino, como era la costumbre de las hijas de los reyes africanos. Por otra parte, Tamar, que nació un milenio antes de Cristo, fue una princesa resguardada en su castillo, sin obligación de prepararse para las batallas, que en aquel tiempo era responsabilidad exclusiva de los hombres. Ella probablemente no tuvo clases de defensa personal para aprender a neutralizar violadores, mucho menos si eran hijos de su propio padre. Ambas fueron violadas, violentadas y saqueadas de sus vidas diarias, afrentadas y decepcionadas.

Note que, independientemente de la época, el color de la piel, la condición socioeconómica de nacimiento, o nuestra religión, a veces somos sorprendidas en el transcurso de nuestro caminar con situaciones impredecibles. Aqualtune era una guerrera más que preparada; sin embargo, su destreza con las armas no le impidió que fuera capturada. Tamar era una princesa súper protegida y vigilada; sin embargo, fue objeto del ataque de alguien fuera de sospecha dentro de su propia casa.

La historia no nos dice cuál era la profundidad de la conexión de Aqualtune con Dios. No sabemos si leía la Biblia o el Corán. Solo sabemos que independientemente de su fe y su religión, ella decidió no rendirse frente a aquella situación. Tamar, por su parte, después de haber luchado sin éxito para defender su virtud, fue repudiada por el mismo hermano que decía estar enamorado de ella. Después de haber sido violentada, fue retirada y expulsada de sus aposentos. Además de expulsada, fue expuesta. Además de ser expuesta fue sentenciada a una vida de desgracia. ¡Quién querría casarse con una joven manchada? ¿Qué príncipe aceptaría desposar a una princesa violentada por el propio hermano?

David era un rey que tenía muchas esposas, además de concubinas. Estamos hablando de mil años antes de Cristo, una época en que la cultura era muy diferente a la nuestra. Las hijas mujeres se volvían responsabilidad de sus hermanos mayores. Tamar, siendo hija de Maaca, la misma madre de Absalón, terminó siendo adoptada por su hermano.

La violación de Tamar desencadenó una serie de otras tragedias en la casa del rey David, comenzando con Absalón montando un banquete en su casa para tener la oportunidad de vengarse de Amnón quitándole la vida, y fue lo que hizo.

Cuando leo que Absalón mató a Amnón, llego a la conclusión obvia de que a Amnón buscó ese camino de muerte cuando escogió una vida violenta. Existen cosas en la vida que sembramos, por tanto, la cosecha es algo inevitable. Cuando leo en la Biblia que, algún tiempo después el propio Absalón murió precozmente cuando luchaba contra su propio padre, entiendo que la venganza nunca es una opción exitosa en la vida de nadie. La venganza es un veneno que se bebe creyendo que el otro va a morir. El final de las historias de venganza siempre es el mismo: tragedia.

Existen tragedias que se explican por sí solas. Existen situaciones que nítidamente, son consecuencias de elecciones mal hechas y actitudes precipitadas. Pero ¿cuándo pasan cosas en nuestro camino que no tienen una explicación propia? ¿Y lo que le pasó a Tamar, una joven inocente que solo estaba siendo amable con su hermano "enfermo"?

No tengo todas las respuestas, pero sí sé una cosa:
Toda mi vida te adoraré.
Adorar es lo que sé, adorar es lo que soy.
Nada puede callar a un adorador.
No hay prisiones...
que contengan la voz de alguien que te adora, oh, Señor.

Días malos vienen para todos. Días difíciles pasan en la vida de quien cree o no en Dios.

Las dificultades no seleccionan la religión, la familia o la clase social de nadie. Ellas vienen sobre creyentes o incrédulos, religiosos o ateos, pobre o ricos, sabias o necios.

Cosas malas, incluso, le suceden a personas de bien, así como cosas bunas pueden alcanzar a gente que no vemos con buenos ojos. La cuestión no es lo que la vida haga con nosotros, sino lo que hacemos con lo que la vida nos trae. ¿Cómo reaccionamos al inevitable caos que a menudo se instala a nuestro alrededor?

Las batallas tienen lugar, por muy fortificadas que estén nuestras murallas, por muy imponentes que sean nuestros castillos. Guerreras son capturadas y princesas, muchas veces, son subyugadas. ¡Bienvenida al mundo real, princesa! No es fácil ser de carne y hueso. No es fácil asumir la realidad de la vida, especialmente en un mundo predominantemente "virtual".

Pero quiero que usted entienda, princesa, que existe un Rey en su alto y sublime trono. Él no ha perdido el lugar de su soberanía. Él es el Rey de Reyes, el Señor de Señores. Aquel que jamás perdió una batalla en su vida. Él también venció una batalla contra la injusticia. La verdad, él se revistió de nuestra injusticia para que fuéramos justificados por su justicia. Él llevó sobre sí nuestros dolores, nuestras tragedias, nuestras lágrimas, nuestros quebrantamientos, nuestras preguntas y nuestra carga insoportable. Es cierto, la vida a veces se vuelve insoportable, pero en Cristo somos capaces de volar por encima de la adversidad, por encima de nuestros miedos y adversidades.

Las princesas no necesitan quitarse sus túnicas de pureza y realeza, sino, en caso inesperado de ataque, es esencial que estén revestidas de la armadura de Dios. Son armas mucho más poderosas que las carnales, porque están hechas para el combate que tiene lugar más allá de nuestro mediocre mundo físico. Son batallas invisibles, que se libran en un mundo que nuestra visión, a menudo limitada, no puede percibir.

> *Por lo demás, hermanos míos, fortaleceos en el Señor, y en el poder de su fuerza. Vestíos de toda la armadura de Dios, para que podáis estar firmes contra las asechanzas del diablo. Porque no tenemos lucha contra sangre y carne, sino contra principados, contra potestades, contra los gobernadores de las tinieblas de este siglo, contra huestes espirituales de maldad en las regiones celestes.*
>
> *Por tanto, tomad toda la armadura de Dios, para que podáis resistir en el día malo, y habiendo acabado todo, estar firmes* (Ef 6.10-13).

¡Adelante, princesas y guerreras de esta generación! No más prendas rasgadas y cenizas en la cabeza. Hay batallas que hemos ganado y otras que hemos perdido, pero la guerra continúa y estamos vivas. Que hagamos que nuestras vidas sean relevantes en la tierra.

CAPITULO SEIS

Despedidas y aprendizajes

"La gloria de Dios es un ser humano plenamente vivo".

IRENEO DE LYON

Traigo aquí este impactante testimonio de Rosana Alves[1]:

Mi madre falleció a los 47 años, víctima de un AVC isquémico, como resultado de una hipertensión incontrolable. Cuántas veces la llevamos al hospital y el "aparato" no logró comprobar su presión arterial, de tan alta que estaba. Sí: era un cuadro intrigante para la medicina, ¡pues la mínima llegaba a 25 y la máxima sobrepasaba 32!

Crecí viendo sus crisis, internaciones y sufrimiento, pero vi mucho más su resiliencia y sabiduría. Solamente quien convivía cerca con ella conocía su difícil estado de salud, ya que lidiaba con la enfermedad de forma discreta.

---

[1] Neurocientífica reconocida por el gobierno norteamericano por sus habilidades extraordinarias, la doctora Alves se graduó de psicología, con maestría, doctorado y tres posdoctorados en neurociencias, uno de ellos en el exterior. Es directora académica del *Neurogenesis Institute*, en Orlando — FL, y es autora de dos libros: *La neurociencia de la felicidad* y El Diseñador de la decisión. Instagram: @doutorarosana

Ella falleció el 25 de octubre de 2005, después de diecisiete días de coma. Le confieso que, cuando el teléfono de mi casa sonó y era del hospital avisando que mi mama acaba de fallecer, la primera palabra que surgió en mi mente fue: "terminó".

Y "terminó" significaba que no servía de nada esperar, orar o creer que mi madre vería nacer a mis hijos. La tristeza fue profunda. Además de eso, en aquel momento yo tendría que enfrentar una de las tareas más difíciles de mi vida: dar la noticia a mi familia.

Mis hermanos (son cuatro) permanecieron "acampando" en la casa de nuestros padres durante los diecisiete días y cuando llegué para dar la noticia, ya se habían dado cuenta de lo que había pasado. Lloramos y decidimos que todos entraríamos en el cuarto de mi padre para avisarle del fallecimiento y decirle que estaríamos en la sala decidiendo sobre la ceremonia fúnebre, y que él podría juntarse si estaba en condición para eso.

Mi padre demoró mucho en aparecer en la sala, entonces decidimos ir hasta el cuarto para verificar qué estaba pasando. Al abrir la puerta lentamente, encontramos aquel hombre de apenas 56 años, que acaba de perder a su compañera de vida, arrodillado orando. Al percibir nuestra presencia se levantó y, antes que dijéramos cualquier palabra, él mismo pronunció: "No piensen que estaba pidiendo algo o reclamando; solo estaba agradeciendo a Dios por el privilegio de haber estado casado por 31 años con una mujer tan extraordinaria".

Mi corazón se calentó en aquel momento y fui llevaba a cambiar mi sentimiento de murmuración por el de gratitud. Decidí, en aquel instante, que cantaría en la ceremonia fúnebre la última canción que ella me había escuchado cantar en el culto el domingo, pocas horas antes de tener el AVC. ¿Por qué yo cantaría aquella canción, aunque no era una de sus favoritas? Porque aquella letra era especial. La segunda estrofa dice así:

Cómo soportar la muerte de alguien que se ama
y el anhelo que destruye

> Y cómo soportar la soledad, el dolor
> Sin tener con quien contar y las noches largas son
> Pero yo sé que todo va a pasar.
>
> Sheila Boechat, *Todo va a pasar*[2]

La elección no estuvo basada en la idea de que fue la última canción que ella me oyó cantar, sino en la necesidad de expresar la de fe que es más fuerte que el dolor, la esperanza que es más intensa que la tristeza. Si yo creía en ese mensaje en un domingo feliz en la iglesia, la misma certeza debía ser expresada en el día más triste de mi vida.

Ya en el cementerio al ver a la multitud aglomerándose, fuimos sorprendidos por la cantidad de personas que conocían a esta mujer simple y discreta. Ya sabíamos que ella dedicaba su vida a ayudar a quien lo necesitaba, sin distinción, solo que no pensamos que muchos de ellos estarían allí ese miércoles. ¡Escuchamos tantas historias de acogimiento, consejos, apoyo y respaldo que ella había ofrecido! Aquello fue un bálsamo para nuestros corazones heridos. Las personas estaban ahí por causa de su vida, y no a causa de su muerte. Lo que había hecho durante su existencia había motivado a todos a asistir a su funeral. En resumen, la gente estaba allí para celebrar y rendir homenaje a la vida que ella vivió.

Por eso, al escribir esto para usted, siento un fuerte deseo de compartir lo que aprendí con su vida en lugar de detenerme en el sufrimiento que causó su muerte. Quiero que usted me entienda: no estoy despreciando el dolor o la falta que sentí con esta tragedia, pues fue muy difícil lidiar con tamaña pérdida; pero quiero invitarla a pensar sobre lo que usted está haciendo con su vida.

Permítame hacer algunas preguntas para que usted reflexionar sobre su vida:

- ¿Cómo usted tiene cuidado de su salud? Estar bien físicamente es esencial para tener condiciones de ayudarse y ayudar a otros;

---

[2] Esa canción está en el CD Sueños.

- ¿Usted ha hablado mal de otros? Discúlpeme por tanta intromisión, pero los chismes son peores que la lepra, pues son capaces de matar el cuerpo y el alma y contamina incluso a quien está lejos. Nuestro cerebro corrompido por el pecado siente placer por el chisme: sí, el sistema de recompensa (que libera, por ejemplo, dopamina) es activado en el momento del chisme, trayendo grande placer. Entonces ¿cómo cambiar algo tan arraigado en nosotros? Le daré una pista: ¡el hábito de hablar con Dios cambia nuestra forma de hablar con la gente! Inclínese delante de una vida de comunión con él, y la transformación sucederá.
- ¿Usted ayuda a otros o está siempre esperando que cuiden de usted? Salga del lugar de víctima y asegúrese de extender su mano a quien sea que la necesite.
- ¿Cómo ha estado viendo la historia de su vida? ¿O qué ha hecho con los recuerdos de pérdida y sufrimiento? Lo que usted vive hoy es el resultado de cómo enfrenta el pasado. Me gusta lo que el apóstol Pablo nos dejó en Filipenses 3.13-14: *"Hermanos, yo mismo no pretendo haberlo ya alcanzado; pero una cosa hago: olvidando ciertamente lo que queda atrás, y extendiéndome a lo que está delante, prosigo a la meta, al premio del supremo llamamiento de Dios en Cristo Jesús"*. Necesitamos aprender a dejar atrás lo que pertenece solo al pasado y, lo que tuvo que estar en el presente, que sea como un propósito registrado en Isaías 58.11-12 *"Jehová te pastoreará siempre, y en las sequías saciará tu alma, y dará vigor a tus huesos; y serás como huerto de riego, y como manantial de aguas, cuyas aguas nunca faltan. Y los tuyos edificarán las ruinas antiguas; los cimientos de generación y generación levantarás, y serás llamado reparador de portillos, restaurador de calzadas para habitar"*. ¿Entendió? ¡Lo que está en el pasado, aunque sea sufrimiento o pérdida, necesita ser usado para construir!

Quiero finalizar nuestra conversación (aunque la voluntad sea escribir mucho más) contando una de las mayores lecciones que aprendí con la vida de mi madre. Espero que sirva de inspiración y dirección para usted.

Mi madre no fue criada por sus padres, sino por su abuela. Un día le pregunte: "¿Madre, como puedes ser una madre tan maravillosa, aun sin haber sido criada por tu madre?" Ella me contestó: "Tengo la mejor condición para ser una gran madre, porque sé cómo hace falta una madre. Soy la mejor persona para acoger a los rechazados, porque yo viví al margen de una sociedad y sé lo mucho que duele".

¡Vaya! Es posible no vivir la consecuencia más obvia del sufrimiento. Porque alguien lo maltrató, no tiene que ser agresivo; una persona no tiene que ser negligente porque fue abandonada. Lo que le faltó, usted puede darlo en abundancia. Usted es la persona más indicada para dar lo que no recibió, pues sabe cuánto le hizo falta.

Una vez escuché de una mujer que yo admiro y amo, @betta_fonseca, que "su dolor es su ministerio" y ¡eso tiene todo el sentido!

La invitación para usted es esta: ¡Transforme el sufrimiento en oasis para otros, el odio en amor!

¿Qué aprendo hoy? Que la falta de mi madre me llevará a multiplicar lo que aprendí de ella. Si ella no está más aquí para amar y acoger, haré eso en lugar de ella. ¡Quiero vivir la abundancia en la falta! ¡Mi madre murió, pero dejó a Dios con nosotros!

Hoy ya me pregunté: ¿Qué es lo que estoy construyendo en la vida de mi familia? ¿Cuáles oraciones he hecho? ¿Qué les he dejado? Piense lo mismo: Su influencia va más allá de su existencia en la tierra.

Vivimos en tiempos en que la autoestima ha sido un gran objeto de deseo. Surgen discusiones y se planean técnicas que la desarrollan. Hay quienes creen que, habiendo autoestima, todo se puede afrontar o mejorar. Que ocupa un lugar central…

Pero creo que es una trampa considerar la autoestima con tal aprecio. El significado de la vida y cuánto nos consideramos especiales y capaces tiene más que ver con el *propósito* de nuestra vida. Sí: ¿por qué nací? ¿Cómo puedo contribuir a dar más sentido a la humanidad? ¿Cuál es el propósito de mi vida? Responder a estas preguntas y, en consecuencia, poner en práctica sus conclusiones nos traerá la calma de quien no necesitan preocuparse con la periferia para encontrar su valor.

Así que le deseo *vida*, aunque ya se haya enfrentado a la muerte, que incluso en el caos no es el propósito de la vida. *El milagro es Rosana*.

Rosana Alves

¡Sea feliz y haga a los otros felices, pues para ese propósito usted llegó a existir!

La historia de Ruth y Noemí — El dolor de la despedida

En la época de los jueces, la tierra de Judá pasó por un periodo de hambre y escasez. Una familia que pertenecía a la tribu de Efraín, de la ciudad de Belén, hizo las maletas y se mudó a las tierras vecinas, tierras de los moabitas, que eran de los descendientes de Lot, sobrino de Abraham. Los hombres de la casa eran Elimelec y sus dos hijos, Mahlón y Quelión. Noemí, la única mujer de la casa, enviudó muy pronto, y terminó solita con sus hijos, que luego se casarían con mujeres de aquella misma tierra. Sus nombres eran Orfa y Rut. Pasaron casi diez años, y otra tragedia ocurrió: murieron también los hijos de Noemí. ¡Cuánto dolor en aquella familia! Quedaron tres viudas, y una de ellas también experimentaba la peor separación que una madre puede experimentar en su existencia: la partida de sus hijos para la eternidad. Hijos sin los padres son huérfanos, mujeres sin esposo son viudas, pero no hay nombre para las madres que han enterrado a sus hijos, aunque ese es el peor de todos los dolores.

Noemí, cuyo nombre denuncia su dulzura, estaba en apuros, sola, en una tierra extraña, condenada al fracaso en un mundo en el que las viudas no tenían ninguna oportunidad, principalmente si no tenía más hijos para que cuidaran su vejez. Frente a ese escenario surreal, que más parecía una película de terror de una serie de Netflix, pero era la verdad en su propia vida, Noemí decidió volver a su tierra tan pronto tuvo noticias de allá. Alguien le había avisado que Dios vendría para ayudar a su pueblo en Juda, dándole alimento.

¿Dios? ¿Pero dónde estaba Dios en el momento en que Noemí quedó viuda de su esposo, su compañero y proveedor? ¿Será que estaba enfadado o fuera de servicio cuando, en menos de diez años, todos los hombres de su casa murieron? ¿Por qué no impidió esa tragedia?

En el punto álgido de su indignación, ella dijo:

Yo me fui llena, pero Jehová me ha vuelto con las manos vacías. ¿Por qué me llamaréis Noemí, ya que Jehová ha dado testimonio contra mí, y el Todopoderoso me ha afligido? (Rut 1.21)

Ese era el retrato del corazón de Noemí cuando ella volvía de Moab a Judá, en luto, amargada, decepcionada y profundamente afligida. En esos momentos, no existen explicaciones coherentes ni palabras que faciliten el dolor. Todo lo que se espera de quien está cerca es que ofrezca un hombro amigo, un vaso de agua, un plato de comida y pocas, muy pocas palabras. No sirve de nada tratar de traer la lógica al mundo de Dios. La muerte y la vida están en sus manos. Mientras estemos de este lado de la eternidad, solo tenemos un pequeño vistazo de sus misterios.

Porque en parte conocemos, y en parte profetizamos; más cuando venga lo perfecto, entonces lo que es en parte se acabará (1Cor 13.9-10).

No hay palabra de consuelo que suavice el dolor de la despedida. Ni siquiera la certeza de que nos encontraremos en la eternidad.

En esa hora, solo necesitamos ser transparentes delante de aquellos con quienes podemos estar cómodos. Necesitamos gente alrededor para apoyar nuestra sinceridad frente al dolor. Todo lo que se espera de aquellos que están a nuestro lado en el momento del duelo es que nos dejen ser nosotros mismos, sin máscaras ni disfraces. Las personas que son capaces de oír nuestras "oraciones humanas", del tipo que no ofenden a Dios porque él, y solo él, conoce como nadie la intensidad del sufrimiento al que nos enfrentamos. Noemí encontró en Ruth esa persona. Aunque Rut también estaba de luto por su esposo que se había ido, ella comprendió que Noemi estaba sufriendo todavía más por la pérdida de sus hijos.

En el momento de su dolor, atrévase a mirar más allá de su propio ser. Usted puede sorprenderse con la realidad de la historia de la vida de otros. Usted puede descubrir que no es la única que sufre, que Dios no está conspirando contra usted y que el sufrimiento hace parte de la vida de todos, no solamente de la suya.

> *Respondió Rut: No me ruegues que te deje, y me aparte de ti; porque a dondequiera que tú fueres, iré yo, y dondequiera que vivieres, viviré. Tu pueblo será mi pueblo, y tu Dios mi Dios. Donde tú murieres, moriré yo, y allí seré sepultada; así me haga Jehová, y aun me añada, que solo la muerte hará separación entre nosotras dos* (Rut 1.16-17).

La historia de Noemí se mezcla con la de Rut, y su final es un hermoso matrimonio sellado con un hijo que entró en la genealogía del rey David y del propio Jesucristo. La viuda que no tenía hijos ahora tenía un nieto. No cualquier nieto, sino uno que sería el abuelo del rey David.

Cuando nos solidarizamos con el dolor de los otros, Dios sana nuestra herida.

> *Como el ciervo brama por las corrientes de las aguas, Así clama por ti, oh Dios, el alma mía.*
>
> *Mi alma tiene sed de Dios, del Dios vivo; ¿Cuándo vendré, y me presentaré delante de Dios?*
>
> *Fueron mis lágrimas mi pan de día y de noche, Mientras me dicen todos los días: ¿Dónde está tu Dios?*
>
> *Me acuerdo de estas cosas, y derramo mi alma dentro de mí; De cómo yo fui con la multitud, y la conduje hasta la casa de Dios, Entre voces de alegría y de alabanza del pueblo en fiesta. ¿Por qué te abates, oh alma mía, Y te turbas dentro de mí? Espera en Dios; porque aún he de alabarle, Salvación mía y Dios mío. Dios mío, mi alma está abatida en mí;*
>
> *Me acordaré, por tanto, de ti desde la tierra del Jordán, Y de los hermanitos, desde el monte de Mizar.*
>
> *Un abismo llama a otro a la voz de tus cascadas; Todas tus ondas y tus olas han pasado sobre mí.*

> *Pero de día mandará Jehová su misericordia, Y de noche su cántico estará conmigo, Y mi oración al Dios de mi vida.*
> *Diré a Dios: Roca mía, ¿por qué te has olvidado de mí? ¿Por qué andaré yo enlutado por la opresión del enemigo?*
> *Como quien hiere mis huesos, mis enemigos me afrentan, Diciéndome cada día: ¿Dónde está tu Dios?*
> *¿Por qué te abates, oh alma mía, Y por qué te turbas dentro de mí? Espera en Dios; porque aún he de alabarle, Salvación mía y Dios mío (Sal 42).*

Es una de las oraciones más sinceras que he leído. Un poema que retrata el dolor del alma de alguien, sin pretensión alguna de impresionar a Dios o aquellos que están presentes escuchando y participando de aquel momento de crisis en la vida del salmista.

La oración del creyente también necesita la oración *humana*. Necesitamos hacer más oraciones humanas como las de Noemí y también del autor del Salmo 42. No somos ángeles. No tenemos una visión privilegiada de la eternidad ni del mundo espiritual. No tenemos respuestas para todas las preguntas de la vida. No tenemos respuesta para todas las preguntas de vida o muerte. Situaciones que transitan en el ámbito de la soberanía de Dios no están a nuestro alcance. Aquellos que quieren entrar en el mundo de Dios necesitan hacerlo por la fe, y la fe no se explica. Por la fe avanzamos por encima de las adversidades. Por la fe decidimos vivir a pesar de los vientos y tempestades. Por la fe nos convertimos en seres inquebrantables y, al mismo tiempo, moldeables en las manos del Alfarero que nos rompe y nos rehace cuando quiere.

> *¿No podré yo hacer de vosotros como este alfarero, oh casa de Israel? dice Jehová. He aquí que, como el barro en la mano del alfarero, así sois vosotros en mi mano, oh casa de Israel (Jer 18.6).*

¿Dios está enfadado conmigo?

La Biblia retrata algunos episodios en los cuales Dios estuvo indignado con sus hijos.

El Señor vio que la maldad humana estaba cada vez peor y que la imaginación y los pensamientos de los seres humanos los llevaban únicamente al mal. Entonces el Señor se arrepintió de haber creado al ser humano sobre la tierra, y eso le dolió en el corazón.

> *Y vio Jehová que la maldad de los hombres era mucha en la tierra, y que todo designio de los pensamientos del corazón de ellos era de continuo solamente el mal. Y se arrepintió Jehová de haber hecho hombre en la tierra, y le dolió en su corazón* (Gn 6.5-7).

La indignación de Dios con la humanidad produjo un diluvio que diezmó toda esa generación y dio paso a un nuevo pueblo nacido de Noé. La historia de Noé no es sobre un Dios que destruyó a su pueblo porque renunció a él, sino sobre un Dios que amó tanto a la humanidad que decidió darle una nueva oportunidad.

Una familia fue separada y guardada por casi un año, dentro de un container flotante, cuya puerta fue cerrada por el propio Dios. Junto con ellos, había toda especie de vida animal, puros e impuros, los que se arrastran por el suelo y las aves. Fueron cuarenta días de lluvia. Así como en algunos días Dios creó el mundo, en algunos días también lo deshizo. Si, Dios se indignó, pero también es entristeció profundamente. Y no fue el único. Dentro de aquella barca, había otras personas tristes y en luto, a pesar de haber sido perdonadas. El hecho de que Dios nos perdone no significa que no vamos a llorar. Los sobrevivientes del arca dejaron a sus amigos afuera, sus parientes, sus posesiones, sus sueños personales, sus recuerdos y su historia pasada. Es increíble cómo, después de ciertas experiencias vividas, empezamos a mirar incluso las historias de la Biblia con mucho más respeto y empatía. La familia de Noe se salvó, pero entró en aquella barca con el corazón roto por la despedida. Dentro de esa barca hubo liberación, pero también hubo sufrimiento, luto colectivo.

Luto es exactamente eso: alguien que fue perdonado llorando la nostalgia de aquel que partió. Solo los sobrevivientes están de luto. Solamente los vivos pueden llorar a sus muertos. Si usted está viviendo un momento terrible así, viva la vida que Dios no quitó de usted, por lo menos no por ahora. El luto es cosa para los vivos. El luto no tiene manual. Primero enfrentamos y después aprendemos. Creyentes o ateos, pobres o ricos, letrados o ignorantes, buenos y malos, todos enfrentan el luto en algún momento de la vida, basta estar vivos.

Algunos han visto interrumpido su viaje, pero por alguna razón que está bajo la soberanía de Dios, usted todavía está aquí. Comprenda que mientras está de luto, la orden es sobrevivir y luego volver a vivir. Sin embargo, nunca olvide que el llanto puede durar una y hasta muchas noches, pero amanecerá.

> *Porque un momento será su ira, Pero su favor dura toda la vida. Por la noche durará el lloro, Y a la mañana vendrá la alegría* (Sal 30.5).

Cuando la respuesta de Dios es "no"

Después de acostarse con una mujer casada, tratando de encubrir su error inútilmente, y siendo el autor intelectual de la muerte "accidental" del esposo de ella, el rey David la tomó como su esposa porque estaba embarazada de un hijo suyo. Solo que había un pero: Dios estaba viendo todo.

Vea en la Biblia lo que Dios pensó sobre lo que David hizo. Es muy importante cuando paramos para ver la versión que Dios tiene de los hechos.

> *Jehová envió a Natán a David; y viniendo a él, le dijo: Había dos hombres en una ciudad, uno rico, y el otro pobre. El rico tenía numerosas ovejas y vacas; pero el pobre no tenía más que una sola corderita, que él había comprado y criado, y que había crecido con él y con sus hijos juntamente, comiendo de su bocado y bebiendo de su vaso, y durmiendo en su seno; y la tenía como a una hija. Y vino uno de camino al hombre rico; y este no quiso tomar de sus ovejas y de sus vacas, para guisar para el caminante que había venido a él, sino que tomó la oveja de aquel hombre pobre, y la preparó para aquel que había venido a él. Entonces se encendió el furor de David en gran manera contra aquel hombre, y dijo a Natán: Vive Jehová, que el que tal hizo es digno*

de muerte. Y debe pagar la cordera con cuatro tantos, porque hizo tal cosa, y no tuvo misericordia.

Entonces dijo Natán a David: Tú eres aquel hombre. Así ha dicho Jehová, Dios de Israel: Yo te ungí por rey sobre Israel, y te libré de la mano de Saúl, y te di la casa de tu señor, y las mujeres de tu señor en tu seno; además te di la casa de Israel y de Judá; y si esto fuera poco, te habría añadido mucho más. ¿Por qué, pues, tuviste en poco la palabra de Jehová, haciendo lo malo delante de sus ojos? A Urías heteo heriste a espada, y tomaste por mujer a su mujer, y a él lo mataste con la espada de los hijos de Amón. Por lo cual ahora no se apartará jamás de tu casa la espada, por cuanto me menospreciaste, y tomaste la mujer de Urías heteo para que fuese tu mujer. Así ha dicho Jehová: He aquí yo haré levantar el mal sobre ti de tu misma casa, y tomaré tus mujeres delante de tus ojos, y las daré a tu prójimo, el cual yacerá con tus mujeres a la vista del sol. Porque tú lo hiciste en secreto; mas yo haré esto delante de todo Israel y a pleno sol. Entonces dijo David a Natán: Pequé contra Jehová. Y Natán dijo a David: También Jehová ha remitido tu pecado; no morirás. Mas por cuanto con este asunto hiciste blasfemar a los enemigos de Jehová, el hijo que te ha nacido ciertamente morirá. Y Natán se volvió a su casa.

Y Jehová hirió al niño que la mujer de Urías había dado a David, y enfermó gravemente. Entonces David rogó a Dios por el niño; y ayunó David, y entró, y pasó la noche acostado en tierra. Y se levantaron los ancianos de su casa, y fueron a él para hacerlo levantar de la tierra; mas él no quiso, ni comió con ellos pan. Y al séptimo día murió el niño; y temían los siervos de David hacerle saber que el niño había muerto, diciendo entre sí: Cuando el niño aún vivía, le hablábamos, y no quería oír nuestra voz; ¿cuánto más se afligirá si le decimos que el niño ha muerto?

Mas David, viendo a sus siervos hablar entre sí, entendió que el niño había muerto; por lo que dijo David a sus siervos: ¿Ha muerto el niño?

Y ellos respondieron: Ha muerto. Entonces David se levantó de la tierra, y se lavó y se ungió, y cambió sus ropas, y entró a la casa de Jehová, y adoró. Después vino a su casa, y pidió, y le pusieron pan, y comió. Y le dijeron sus siervos: ¿Qué es esto que has hecho? Por el niño, viviendo aún, ayunabas y llorabas; y muerto él, te levantaste y comiste pan (2Sam 12.12-21).

David oró, ayunó, suplicó, pero Dios no reconsideró su posición. Su respuesta no había cambiado.

David pecó y fue castigado. Él vivió su luto, después se bañó, adoró a Dios y se alimentó para encarar la vida que tenía por delante. No se quedó paralizado, culpándose por la muerte del niño, aun cuando Dios le había avisado que aquella situación era resultado de su pecado. David lloró cada lágrima a que tenía derecho, y lloró creyendo que Dios reconsideraría su decisión, pero Dios la mantuvo. A veces la respuesta de Dios es "no".

El mismo Dios que recogió el primer hijo de Betsabé con David permitió que quedara embarazada de Salomón, el siguiente rey de la nación de Israel. El nombre de eso es bondad. Sí, Dios se puede airar con una persona, o con una nación entera, pero no somos perseguidos por su ira. Lo que nos persigue es su bondad acompañada de su misericordia. Sí, Dios estuvo indignado con los contemporáneos de Noé, y de aquel pueblo solo quedaron ocho, pero fue de ese remanente que vino Abraham, Isaac, Jacob, Jesús y la Iglesia del Dios vivo que somos nosotros.

> *Ciertamente el bien y la misericordia me seguirán todos los días de mi vida, Y en la casa de Jehová moraré por largos días* (Sal 23.6).

Si paramos para analizar todas las tragedias de nuestra existencia a la luz de la ira de Dios, lo culparemos por todo lo que pase. Sin embargo, si nos sumergimos en Dios lo suficiente como para tener al menos un vistazo de quién es él, sabremos que, a pesar de su inevitable indignación por la humanidad que lo desprecia todo el tiempo y lo ignora, su amor nos protege. Dios es bueno incluso cuando su respuesta es negativa. No somos perseguidos por su ira, sino por su bondad y misericordia.

Me propuse comenzar este capítulo con la historia de la superación de una mujer que admiro mucho. La doctora Rosana Alves decidió vivir a pesar del luto por la pérdida de su madre, persona notable y admirable, casada con un albañil que graduó a sus cinco hijos en la universidad. Cuando digo "vivir", yo digo que disfrutemos de toda la plenitud que la vida nos ofrece, a pesar de sus vicisitudes. Si somos perseguidos por la bondad y la misericordia de Dios, nuestra vida debe ser relevante en esta tierra. Quiero terminar compartiendo con ustedes la definición de vida de acuerdo con la Dra. Rosana Alves, según su libro *La Neurociencia de la Felicidad*:

> *"La vida es lo que sucede mientras planeamos el futuro". La vida es hoy, y hoy es el momento de ser feliz. ¿Entiendes? La felicidad es un camino, no un destino. Está relacionada con las elecciones que hacemos y cómo reaccionamos a los problemas de hoy, no con algo reservado para el futuro.*[3]

Si por un lado estar preso a los recuerdos del pasado nos mantiene encarcelados dentro de lo que ya pasó, pensar solo en el futuro nos genera más ansiedad excesiva que nos impide vivir plenamente el ahora. Somos resultado del pasado que vivimos, pero nuestro futuro también depende del presente que escogemos.

Entonces, en vez de buscar justificaciones para las tragedias de la vida, siga hacia el frente. En vez de buscar la ira de Dios en cada momento de dolor, busque una relación íntima y personal basada en su amor. Viva un día a la vez, a veces andando y llorando, pero queriendo vivir. No renuncie a ese precioso regalo que Dios le dio. Espero un día poder oír su historia de superación. ¿Quién sabe, hasta contarla en un próximo libro? No fue solo Noé, Noemí, Rut, David o Rosana que sobrevivieron. Usted también llegó hasta aquí. Entonces siga adelante, en paz y de fe en fe. Viva para contar quien es usted. Testimonio es vida. El mundo quiere oír el suyo.

---

[3] ALVES, Rosana. *La Neurociencia de la Felicidad*. Publicación independiente, 2016, p. 16.

CAPÍTULO SIETE

Firme en medio de las tempestades

Porque esta leve tribulación momentánea produce en nosotros un cada vez más excelente y eterno peso de gloria (2 Cor 4.17).

En el año en que yo viví el dolor de despedirme precozmente de Matheus, mi hijo primogénito, Dios no envió un profeta para explicarme sus motivos, como hizo con David. Tampoco me ofreció una opción de liberación, como en el arca de Noé. Antes del diluvio de lágrimas que estaba listo a ser derramado sobre mi familia, la vida seguía su curso allí en la casa. No imaginamos la tempestad que estaba por venir.

Me he consumido a fuerza de gemir; Todas las noches inundo de llanto mi lecho, Riego mi cama con mis lágrimas (Sal 6.6).

Yo tenía pasajes comprados para hacer un viaje con Matheu para Austin, Texas, donde predicaría a mujeres y luego extenderíamos el viaje a Dallas para asistir a un congreso con el querido pastor Devi Titus. También teníamos planes de conocer la Potter's House, iglesia del obispo T. D. Jakes, un gran predicador que nos inspira mucho. Matheus también quería conocer el CFNI (*Christ For the Nations Institute* — Instituto Cristo para las Naciones). Todo parecía perfectamente normal, hasta que un dolor de cabeza reveló una meningitis viral herpética que, incluso después de ser controlada, se convirtió en una hemorragia en el cerebro. A pesar de todos los esfuerzos de la medicina, la hemorragia tampoco pudo ser contenida y acarreó muerte cerebral. Sin previo aviso, sin prever la tempestad en el servicio meteorológico de nuestra existencia, fuimos siendo arrastrados por los fuertes vientos de la adversidad, fuimos inundados por la ola de lágrimas repentinas que nos sumergieron y casi nos ahogamos en ellas. ¡Ah, sino fuera por la presencia de Dios!

Por lo cual yo como ceniza a manera de pan, Y mi bebida mezclo con lágrimas (Sal 102.9).

Somos una familia que cree en milagros. No sería la primera vez ni la última que presenciaríamos a alguien siendo desahuciado por los médicos y después sanado por Jesús. Para mí la sanidad era la única posibilidad, y la muerte estaba completamente fuera del pensamiento. ¿Dios se llevó a mi hijo? Eso sería un punto fuera de la curva. Nuestra historia siempre ha sido sobre lo que creemos, no sobre lo que veíamos. Estábamos acostumbrados a ver a Dios revirtiendo situaciones irreversibles. Siempre hemos creído en el Dios de lo imposible.

Además, estaba el peso de las oraciones de la Iglesia del Dios vivo difundida por toda la tierra. Sería imposible que Dios no atendiera la oración de la Iglesia, su novia. Dios ciertamente honraría la fe de su pueblo. Mi Dios jamás permitiría que los incrédulos que estaban dudando de la sanidad de Matheus tuvieran la razón. Esa era nuestra convicción, hasta que la respuesta de Dios para nosotros fue diferente de la que esperábamos. Durante una de las visitas del pastor Silas Malafaia, nuestro pastor, le pregunte: "Por favor, dígame ¿qué será de la fe de estas personas que han estado orando conmigo durante casi dos semanas si Dios decide no sanar a mi hijo?" Me dijo: "Eyshila, Dios no tiene que justificar sus decisiones. Dios no necesita de nadie que lo defienda. Existen preguntas que sobrepasan la esfera de su soberanía. Nuestro papel es continuar orando.

Vamos a orar por el milagro de la sanidad. Si es necesario, vamos a orar por la resurrección. Pero si Dios dice que no, debemos seguir adelante y mantener la fe en nuestros corazones".

Ya hacía casi dos semanas que aquel hospital se había convertido en nuestra casa. Personas venían de todas partes de Río de Janeiro e incluso de otras ciudades de Brasil para orar con nosotros por nuestro hijo. ¡Qué gloriosa presencia se apoderó de ese lugar! Fue una conmoción nacional e internacional. Pastores y amigos de diversas denominaciones nos llamaban y grababan sus oraciones para que las colocáramos al lado del lecho de Matheus a fin de que él las escuchara. La UCI del hospital quedó impregnada por el clamor de su pueblo. Una pequeña caja de sonido junto a la cama de mi hijo tocó varias alabanzas, y siempre nos turnamos orando y clamando a Dios por la sanidad divina, tanto en favor de Matheus como de los demás pacientes. No todos los que fueron pudieron entrar, pero las personas se reunían en la sala ecuménica del hospital. Los pocos parientes de los enfermos internados allí comenzaron a unirse a nosotros pidiendo que oráramos por sus enfermos también. Algunos fueron sanados y recibieron el alta en aquella misma semana. Funcionarios del hospital estaban impactados con aquel ambiente de gloria y se reconciliaron con Dios. Cánticos de liberación eran entonados libremente por los corredores del hospital, sin que nadie lo impidiera. Aquel lugar se transformó en un altar de adoración. Enfermeros que entraban en el cuarto de Matheus para bañarlo lloraban y oraban aun sin conocerlo. Radios evangélicas interrumpían su programación diariamente para convocar al pueblo a la oración. Vecinos de mi barrio que eran de otras religiones, muchos católicos o espiritistas, me abordaban en el elevador para decirme que estaban haciendo reuniones de oración por mi hijo. Donde fuera que yo pasara, las personas que me reconocían preguntaban: "¿Usted no es la madre de Matheus? ¡Estamos orando por él!

Una corriente mundial de oración había sido establecida afuera del hospital, y por algún tiempo estuvimos allí dentro sin saber de nada. Dios nos estaba abrazando a través de sus intercesores, hombres y mujeres de fe que exhalaban compasión. Personas que no tenían la costumbre de orar empezaron a orar de la misma forma porque creían en el milagro que Dios estaba a punto de obrar. Un gran amor nos abrazó.

Fueron los quince días más tensos de toda mi vida, pero también fueron los de mayor unidad, fervor y solidaridad que hayamos experimentado. Recibimos videos de oración de muchos y diversos países, como Indonesia, Nigeria, Estados Unidos, Luxemburgo... Una iglesia mundial, sin rótulos y sin denominaciones, uniéndose en el nombre del Dios vivo para interceder por la vida de un joven, y muchos ni siquiera lo conocían. Fue como si Dios hubiera pulverizado nuestro dolor, de modo que todos los que oraran sintieran un poco la intensidad de este. Matheus ganó muchos más padres, muchas madres e innumerables hermanos que solo conocerá en la eternidad. Fueron días de muchos dolores, pero también de un inmenso derramamiento de la gracia de Dios sobre nosotros.

Pensábamos que toda aquella multitud estaba allí para orar porque Dios quería sanarlo, pero en verdad lo que Dios pretendía con toda aquella movilización era solamente consolar.

Consolaos, consolaos, pueblo mío, dice vuestro Dios (Is 40.1).

En Dios solamente está acallada mi alma; De él viene mi salvación (Sal 62.1).

En cuanto escribo este libro, Brasil pasa por diversos cambios. Nuevo presidente, nuevo liderazgo, y consecuentemente un movimiento también en la esfera espiritual. Algunos poderes del mundo físico fueron cambiados, lo que también causó un reflejo en el mundo invisible.

Fue desencadenada una secuencia de tragedias en un periodo de tiempo muy corto, que causaron una conmoción de proporciones extremas cuya repercusión sobrepasa nuestras fronteras. Todo eso antes incluso del carnaval que, infelizmente, es una de las principales festividades del año en la nación brasileña.

Tragedia en Brumadinho

En la cuidad de Brumadinho (Minas Gerais), una presa de la compañía minera Vale se rompió el 25 de enero de 2019. Una avalancha de lama destruyó el predio de la empresa. Muchos funcionarios estaban en la cafetería, que quedó completamente enterrada. Los residuos mezclados con el barro también habían llegado a una posada y a muchas casas, contaminando la vegetación y los ríos, causando un daño incalculable al medio ambiente. Hasta ahora (marzo de 2019) se han identificado 206 muertos y 102 desaparecidos. La nación de Israel ha enviado ayuda humanitaria. Hubo una conmoción mundial. Muchas familias se quedaron sin hogar. Muchos perdieron a sus seres queridos. Todo Brasil lloró.

Mis entrañas se agitan, y no reposan; Días de aflicción me han sobrecogido (Job 30.27).

La noche del día 6 de febrero del 2019, una tormenta golpeó la ciudad de Río de Janeiro y la puso en estado de crisis. En algunos puntos el volumen de la lluvia acumulado en apenas dos horas fue mayor de lo esperado para todo el mes de febrero. Los vientos llegaron a los 110 kilómetros por hora, árboles fueron derrumbados, postes cayeron, se formaron torrentes de agua en las principales calles y avenidas de la ciudad. El tramo de un bici carril se derrumbó. Seis personas murieron como resultado de la tormenta. El alcalde de la ciudad decretó un luto oficial de tres días.

Como por mi compañero, como por mi hermano andaba; Como el que trae luto por madre, enlutado me humillaba (Sal 35.14).

En la madrugada del 8 de febrero del 2019, apenas dos días después de la tempestad de Río de Janeiro, un incendio golpeó el Urubú, como es conocido el centro de entrenamiento del Flamengo, en Vargem Grande, Zona Oeste de la cuidad. Diez jóvenes jugadores de base del Flamengo murieron y tres quedaron heridos. Ellos tenían entre 14 y 16 años. Diez madres enlutadas. Diez familias despedazadas. Brasil todavía llora.

Alzaron su voz y lloraron, hasta que les faltaron las fuerzas para llorar (1S 30.4).

El día 11 de febrero del 2019, un helicóptero cayó en la autopista Anhanguera y golpeó la parte delantera de un camión que iba por la vía. En ese accidente murió el piloto y un famoso periodista, presentador y locutor brasilero. Ambos salieron de la casa, como de costumbre, para trabajar y cumplir su papel en la sociedad. Solo que esta vez no volvieron. La muerte del periodista, en especial, causó gran conmoción entre políticos, personalidades y periodistas de todo Brasil.

¿Qué hombre vivirá y no verá muerte? ¿Librará su vida del poder del Seol? (Sal 89.48).

Un desencadenar de tragedias puso en luto a la nación brasilera. El nuevo presidente de Brasil había sufrido un atentado durante su campaña política, también se encontraba internado justo después de su posesión, para la reversión de una colostomía. Mientras orábamos por su recuperación, orábamos también por los desamparados, heridos, desesperados y, principalmente, por los que estaban en luto por las tragedias que acabo de mencionar. Todos tenían por lo menos algo en común: la enorme frustración de no recibir de regreso a sus seres queridos. Ellos sabían que no volverían más.

La frustración es lo que pasa dentro de nosotros cuando no pasa lo que esperamos.

Yo oré, pero Dios no respondió.
Yo le impuse las manos, pero el paciente no sanó.
Yo fui fiel, pero fue apuñalada por la espalda.
Yo creía, pero mi fe no era suficiente.
Yo soñé, pero mi sueño no se hizo realidad.
Yo estudié, pero mi nota no fue suficiente.
Yo perdoné, pero me traicionaron de nuevo.
Yo esperé, pero la respuesta no llegó.
Yo entré a la barca con Jesús, pero aun así la tormenta ocurrió.

Aquel día, cuando llegó la noche, les dijo: Pasemos al otro lado. Y despidiendo a la multitud, le tomaron como estaba, en la barca; y había también con él otras barcas. Pero se levantó una gran tempestad de viento, y echaba las olas en la barca, de tal manera que ya se anegaba. Y él estaba en la popa, durmiendo sobre un cabezal; y le despertaron, y le dijeron: Maestro, ¿no tienes cuidado que perecemos? Y levantándose, reprendió al viento, y dijo al mar: Calla, enmudece. Y cesó el viento, y se hizo grande bonanza. Y les dijo: ¿Por qué estáis así amedrentados? ¿Cómo no tenéis fe? Entonces temieron con gran temor, y se decían el uno al otro: ¿Quién es este, que aun el viento y el mar le obedecen? (Mr 4.35-41).

La presencia de tempestades no siempre coincide con la ausencia de Dios. La presencia de Dios tampoco nos garantiza la ausencia de tempestades. ¿Quién rechazaría una ilustre invitación de Jesús para ir al otro lado? ¿Quién imaginaría que el viaje sería recompensado por una terrible tormenta? La vida tiene esas cosas. Eventualmente somos sorprendidos por vientos contrarios, barcos que se balancean, olas que nos asustan. Llegamos a pensar que Dios está descansando o indiferente. Los más osados llegan a preguntarse: "¿Al Señor Jesús no le importa?" Pero él entiende nuestra oración. Lo importante a la hora de la tempestad es no desistir ni actuar precipitadamente. Saltar del barco no es una opción, mil veces no. ¿Buscar el lugar más seguro del barco? Eso sí. ¿Pero dónde está? Solo puede ser donde la gente duerme, a pesar del rugido de los vientos y las olas. "¡Vaya, hay alguien durmiendo! Pero ¿quién puede ser?" Pregunta uno de los asustados discípulos. "¡Ah, es Jesús!" El lugar más seguro en el barco no donde no se balancea; es donde está Jesús.

La presencia de Jesús en el braco no garantizaba que no iban a tener miedo, pero sí que ese miedo sería enfrentado. La presencia de Jesús en el barco no garantiza que no me voy a golpear cuando se sacuda, sino que voy a encontrar la manera de equilibrarme. La presencia de Jesús en el barco no garantiza que no voy a sufrir ni llorar, sino que voy a llegar al otro lado, así mis lagrimas inunden el barco, compitiendo con las olas del mar. Dios no nos llama a una tormenta que no tiene poder para controlar. Dios solo nos permite vivir situaciones que Él mismo nos capacita para soportar.

Cada uno tiene una tempestad que soportar, y quien acepta la tempestad que le es impuesta jamás será derrotado en medio de esta. Si usted está viviendo una tempestad en su vida, tenga certeza de una cosa: las mismas olas que hoy están aterrorizándola, llevarán su barco al lugar que Dios ha planeado. La tempestad hace parte del camino, pero no es su fin. Es solo una parte del trayecto que va a conducirla a su destino. Entonces, manténgase fuerte. Confié en Dios. Existe vida después de la tempestad. ¡Tierra a la vista!

CAPÍTULO OCHO

Mujer maravilla

Traigo esta vez el testimonio de Fernanda Brum[1]

Superar una pérdida no es fácil para ninguno. ¡Jamás esperaría pasar por eso dos meses después de abrir mi primera congregación independiente y estar con maletas listas para ir a África! ¡Estos eran sueños muy esperados, y yo realmente estaba feliz, muy feliz! Mi llamado para la sanidad divina estaba a flor de piel. Apenas sabíamos que pelearíamos la mayor batalla de nuestras vidas hasta entonces.

Yo creía en la sanidad, en la restauración sobrenatural de los órganos. Aunque yo no necesite explicaciones para luchar por un enfermo — apenas oro como si fuera yo — también creo que Dios sana a algunas personas para siempre, así como hizo con Matheus. ¿Cómo explicarlo? Parece que, de algunas personas, Dios es más "celoso", así que los toma para sí. Esta es la excepción a la regla de curación divina: Dios se lleva a alguien. Necesito creer que Dios lo amaba más de lo que jamás podría imaginar. ¡Era del cielo!

Nunca tendré todas las respuestas sobre mis cuatro embarazos, de los cuales sufrí aborto espontaneo. Cuatro bebes en formación.

---

[1] Fernanda Brum, además de ser mi mejor amiga, es cantante, compositora, escritora y pastora de la iglesia Profetizando a las Naciones.

Yo no tengo diagnóstico sobre infertilidad, pero tengo dos milagros que viví y muchas historias de ángeles que presencié. Aprendí mucho con los milagros, pero aprendí con el luto también. Tantos lutos pueden transformarlo en una persona sin fuerza y sin esperanza. Una pérdida y una lucha pueden hacer que olvidemos quién Dios nos llamó a ser. Sin embargo, solo por un tiempo.

Algunos dolores acaban más rápido, otros todavía continúan. Pero la verdad es que vivir duele. Es desafiante. Me gusta vivir. Ya intenté morir varias veces. Todas esas veces percibí mi cobardía.

Entonces, decidí dejar de ser cobarde. Yo no soy la súper mujer que las personas ven en los CD, en los DVD y en los shows por todo Brasil. Aquella es la unción que habita en mí. Es la gloria de Dios que insiste en reposar sobre todos los que creen que Jesús resucitó de la muerte y se sentó a la diestra del Padre, intercediendo por nosotros. Sí, él fue herido por nuestras transgresiones, el castigo que nos trae la paz estaba sobre Él. ¡No, usted no puede desistir! ¡No, usted no tiene opción de decidir! Eyshila está de pie. ¡Yo estoy de pie! Eso es porque Jesús continúa en Su trono de gloria aguardando el momento de besar a su novia, la Iglesia. Usted, que fue llamada, no puede botar las armas. ¡Puede llorar, parar un poco para descansar, pero no renunciar! Su mayor tragedia, con certeza, será su mayor ministerio. No compare su dolor con el de nadie. Llore; pero no pare.

Yo no quiero oír, en aquel día grande, que fui parada por mi dolor y cobardía. Aquel que me llamó probó las llagas, las aflicciones, la vergüenza, la desnudez, el hambre, la tortura y la sed. Se hizo maldición en mi lugar. Soportó mucho como para que usted y yo renunciáramos al maravilloso llamado por causa de nuestros dolores y decepciones.

La señora Frida, querida misionera de Asambleas de Dios, enterró algunos hijos en diferentes Estados del nordeste brasileño, incluso en algunos lugares prohibidos, porque no eran cementerios para "creyentes". Personas mucho más valientes que nosotros ha abierto el camino al verdadero evangelio. No tenemos derecho a rendirnos. La llave está con esta generación también, de mujeres marcadas por Sus experiencias. Mujeres que tienen un si ADN una causa en común: Cristo.

El evangelio va a costarle todo: su resiliencia, su carácter, su reputación. El escándalo de la gracia va a alcanzar a millares. La gracia de ser reconfigurado y regenerado después del huracán — sí, después del huracán de la muerte, la enfermedad, el divorcio, la pérdida de un querido amigo o la decepción sobre todo un sistema de creencias y paradigmas en el que fuimos enmarcados, Jesús continuará en su trono, reinando para siempre, listo para reparar nuestras grietas. Él va a curar nuestras marcas y atenuar nuestras cicatrices. Va a sanar nuestro dolor y alargar nuestra visión. Nosotros servimos a un rey experimentado en dolor. Él no ve súper mujeres, pero sí ve mujeres que están dispuestas a continuar cuando muchas desistirían.

En el día de la sepultura de mi sobrino Matheus, fui tomada por muchos sentimientos desconocidos. Yo me desconocí muchas veces durante el luto, y quien me consoló fue Eyshila… eso fue muy injusto con ella. Pero la gente solo da lo que tiene. Eyshila tenía para dar a todos nosotros.

Hay un pensamiento que no me abandona. Un entendimiento me tomó aquel día de la sepultura. Allí yo comprendí por qué mi abuela paterna, que podía orar por los enfermos y verlos curados, odiaba tanto la muerte y las enfermedades. Ella había perdido siete niños. Alguien que da de la cara con la muerte tantas veces necesita tomar una decisión: entregarse al luto o levantarse en fe. Yo confieso que me entregue al luto por demasiado tiempo.

Hoy, así como usted, yo me levanto en fe. Tomo posesión del "empoderamiento" que viene de lo alto, el hombre experimentado en dolores, Jesús, que resucitó de entre los muertos e hizo que todo su cuerpo se regenerara. Sí, él volverá en breve, y todos aquellos que creyeron en él y que ya durmieron serán resucitados primero, y nosotros, que estemos vivos, seremos transformados. Un cuerpo incorruptible nos será dado. ¡Aleluya! Nunca más abra maldición, ni muerte, ni rencor, ni enfermedad. Dios enjugará todas las lágrimas de nuestros ojos. Hasta ese día decido seguir en pie.

Contrariando a todos y el infierno, bebo de la copa de la gracia y del perdón de mis pecados. Decido creer contra esperanza, incluso en medio del caos, porque los que duermen en Cristo no sufren, sino que esperan la tremenda resurrección que se producirá. Nosotros, que estamos vivos, proseguiremos hacia el objetivo, por el premio de la soberana vocación de Dios en Cristo. ¿Y usted? ¿Por qué renunciaría?

Como dirían los hermanos moravos: "Que el Cordero reciba la recompensa por su sufrimiento". A Él la gloria por siempre, ¡Amén!
El milagro es Fernanda.

FERNANDA BRUM

El mismo día en que el piloto y el periodista entraron en aquel helicóptero, el señor Juan, conductor del camión, también salió a trabajar. Lo que él jamás imaginó era que, en medio de su trayecto, un helicóptero caería exactamente encima de su vehículo, casi en el lugar donde estaba sentado. ¿Cuál es la probabilidad de que usted esté conduciendo prudentemente su coche y tenga un accidente, no porque haya chocado con un árbol y perdido la dirección o alguien haya hecho un adelantamiento peligroso, sino porque otro vehículo haya caído del cielo casi en su cabeza?

En aquella misma autopista, estaba pasando una mujer en la parte trasera de la motocicleta de su esposo. Cuando ella vio la escena, no lo pensó dos veces. Descendió corriendo de la moto, golpeó el metal del fuselaje del camión, retorcido por el choque con el helicóptero que por poco aplastó al conductor, y salvó la vida de ese hombre atrapado entre los metales. Su nombre era Leiliane Rafael da Silva, una joven madre de tres hijos con apenas 28 años. Aquella escena de una mujer colgada del fuselaje de un camión, mientras que los hombres cercanos solo filmaban y fotografiaban, impregnó las redes sociales durante unos días e incluso se convirtió en inspiración para el dibujo de un ilustrador que reprodujo la escena sustituyendo a Leiliane por la mujer maravilla. Merecido homenaje.

Lo que nadie se imaginaba era que aquella joven heroína sufría de una enfermedad grave. Después de dar a luz a su hija Livia, ella recibió el diagnostico de malformación arteriovenosa (MAV), una enfermedad grave que provoca defectos en el sistema circulatorio y alcanza principalmente el cerebro. La enfermedad fue descubierta después de su tercer trabajo de parto: se sentó en una cama para exámenes en la recepción del hospital y, cuando los médicos llegaron, la niña ya había nacido. Leiliane declaró en una entrevista que su hija había nacido de parto normal, con 4 kilos. Y añadió: "No voy a morir ahora, no lo haré. Tengo 28 años, y si las venas no han estallado hasta ahora, no estallarán jamás. Quiero vivir, quiero ver crecer a mis hijos, quiero ver a mis nietos. Tengo que durar mucho tiempo, al menos hasta que tenga unos 70 años".

Después de hacerse famosa por su acto espontáneo de valentía y solidaridad, Leiliane, que estaba en la fila durante mucho tiempo esperando la oportunidad de someterse a una cirugía y ser tratada adecuadamente, fue entonces buscada por un médico neurocirujano que se ofreció para el tratamiento y la cirugía. Leiliane dice que llegó a estar internada cinco veces para la cirugía, pero, en todas, el procedimiento se había pospuesto.

Y termina diciendo: "Todavía voy a vivir mucho tiempo".

El rescate de una vida no tiene precio. No se puede pensar en pagar.

Yo no conozco a nadie más agradecido que el propio Dios. Él se complace en hacernos cosechar lo bueno que sembramos. De hecho, esa es una de sus leyes espirituales.

Usted no es la Mujer Maravilla, pero usted es maravillosa porque fue creada de una manera perfecta y maravillosa por las manos de un Dios maravilloso.

Te alabaré; porque formidables, maravillosas son tus obras; Estoy maravillado, Y mi alma lo sabe muy bien (Sal 139.14).

Quien decide vivir no puede conformarse con solo sobrevivir; necesita hacer que suceda. Llega un momento en la vida en el que necesitamos parar de preguntar a Dios el "por qué" para solo entonces comenzar a comprender que detrás del porque existe un "qué". ¿Qué hacer con lo que la vida nos hace? ¿Qué hacer cuando todo lo que la vida nos muestra es angustia y tristeza? Dejar que la tristeza nos consuma está totalmente fuera de discusión. Tragarse la tristeza tampoco es una opción, al final, de tanto tragar sus tristezas, mujeres han sufrido de obesidad emocional, almacenando justamente aquello que necesitan expulsar, enfermas y paralizadas por sus dolores almacenados. ¡Mil veces no! Lo que necesitamos es resignificar el dolor. Eso involucra la acción sobrenatural del Espíritu Santo, pero también una decisión y una visión verdadera de quién es Dios y de quiénes somos en él.

> *Alumbrando los ojos de vuestro entendimiento, para que sepáis cuál es la esperanza a que él os ha llamado, y cuáles las riquezas de la gloria de su herencia en los santos, y cuál la supereminente grandeza de su poder para con nosotros los que creemos, según la operación del poder de su fuerza, la cual operó en Cristo, resucitándole de los muertos y sentándole a su diestra en los lugares celestiales, sobre todo principado y autoridad y poder y señorío, y sobre todo nombre que se nombra, no solo en este siglo, sino también en el venidero; y sometió todas las cosas bajo sus pies, y lo dio por cabeza sobre todas las cosas a la iglesia, la cual es su cuerpo, la plenitud de Aquel que todo lo llena en todo (Ef. 1.18-23).*

La primera gran verdad es que Jesús resucitó, está sentado en un lugar de honra, a la diestra de Dios, muy por encima de cualquier poder, autoridad, adversidad, tempestad o dificultad. Todo está sujeto a él, inclusive los dolores que consideramos imposibles de superar. ¿Y sabe cuál es la buena noticia? Jesús no es una cabeza ambulante, sino que tiene un cuerpo, que somos nosotros, su Iglesia. En la condición de cuerpo, la Iglesia está sentada con él en el mismo lugar de privilegio, encima de toda autoridad y dominio, encima de todo poder y potestad. Si somos el cuerpo de Cristo, necesitamos entender que ocupamos un lugar de honra donde podemos ver nuestras adversidades desde arriba, en lugar de ser aplastados por estas. Una vez que comprendemos nuestro lugar en Cristo, nuestra fe es fortalecida y nos volvemos aptos para encarar las batallas de la vida desde una nueva perspectiva.

Lo que hace que un dolor sea superable no es su nivel de intensidad, sino nuestra capacidad de considerarlo desde el mismo ángulo que Jesús lo ve: debajo de sus pies.

Quien decide vivir necesita estar dispuesto a superar. La superación es una cuestión de fe, porque para superar tenemos que adelantar, sobrepasar, vencer nuestra incapacidad.

La superación es cosa de quien se mueve por encima de la mediocridad. Seres humanos mediocres gastan la vida dado excusas para lo que dejan de hacer, mientras que los que se superan encuentran la manera de aprovechar el mal que la vida les ha causado. Superarse es hacerse superior. Ser superior no es ser mejor comparado con otro, sino ser mejor de lo que yo puedo ser para Dios y para mí mismo. La vida no es solamente lo que se conquista, sino lo que se soporta y supera. He visto muchas mujeres que conquistan diplomas, posiciones y fama, pero son incapaces de superar los dolores. Hemos vivido en medio de mujeres que exaltan el empoderamiento femenino, pero no han buscado el mayor de todos los poderes, el único capaz de volverlas capaces de avanzar a pesar de los huracanes y los tsunamis emocionales.

> *Pero recibiréis poder, cuando haya venido sobre vosotros el Espíritu Santo, y me seréis testigos en Jerusalén, en toda Judea, en Samaria, y hasta lo último de la tierra* (Hch 1.8).

Mujeres enfermas emocionalmente no pueden ser poderosas espiritualmente. Permanecen aisladas en sus tormentas individuales, sin pedir ayuda porque necesitan ostentar la vida perfecta que postean en las redes sociales. Consecuentemente, tampoco consiguen ayudar a los otros, no producen fruto y desperdician todo su potencial.

Mujer, Dios no la llamó a usted solo para posar de princesa, sino para que asuma su papel de guerrera, aunque necesite cierta dosis de vulnerabilidad. Sí, esa dosis va a dejarla desarmada delante de Dios, pero completamente protegida delante del infierno. Guerreras necesitan superar el miedo, la angustia, el dolor, la culpa, el caos e incluso la frustración causada por el peso de esa noticia que no nos hubiera gustado recibir. Eso es solo posible en la presencia del Señor, Aquel que llevó sobre sí nuestros dolores. Recientemente escogí hacer la siguiente oración: "Dios, yo cambio mi dolor por tu presencia".

Existen batallas que son vencidas, otras son superadas. Ser más que vencedora es conseguir verse victoriosa frente a la derrota personal. Es precisamente esta visión sobrenatural la que hace que nuestras tribulaciones sean ligeras y momentáneas.

Yo amo la traducción de la Nova Biblia Viva para este texto del apóstol Pablo:

> *Pues sabemos que, hasta el día de hoy, toda la creación gime de angustia como si tuviera dolores de parto; y los creyentes también gemimos — aunque tenemos al Espíritu de Dios en nosotros como una muestra anticipada de la gloria futura — porque anhelamos que nuestro cuerpo sea liberado del pecado y el sufrimiento. Nosotros también deseamos con una esperanza ferviente que llegue el día en que Dios nos dé todos nuestros derechos como sus hijos adoptivos, incluido el nuevo cuerpo que nos prometió. Recibimos esa esperanza cuando fuimos salvos. (Si uno ya tiene algo, no necesita esperarlo; pero si deseamos algo que todavía no tenemos, debemos esperar con paciencia y confianza). Además, el Espíritu Santo nos ayuda en nuestra debilidad. Por ejemplo, nosotros no sabemos qué quiere Dios que le pidamos en oración, pero el Espíritu Santo ora por nosotros con gemidos que no pueden expresarse con palabras. Y el Padre, quien conoce cada corazón, sabe lo que el Espíritu dice, porque el Espíritu intercede por nosotros, los creyentes, en armonía con la voluntad de Dios. Y sabemos que Dios hace que todas las cosas cooperen para el bien de los que lo aman y son llamados según el propósito que él tiene para ellos (Rom 8.22-28. NTV[2]).*

---

[2]Nueva Traducción Viviente. Carol Stream, IL: Tyndale House Publishers, Inc. 2009.

Una mujer a punto de dar a luz necesita estar dispuesta a perder para superar. Pierde sangre para sostener a su bebé en sus brazos. No importa si va a ser un parto normal o una cesárea, tendrá que perder sangre y la placenta. Pierde al niño que está dentro de su vientre para recibirlo en sus brazos. Pierde la conexión que había a través del cordón umbilical para crear nuevos lazos con el bebe, a través de experiencias de vida que comenzaran a partir del nacimiento.

La verdad es que ya nacemos muriendo y ya damos a luz perdiendo. En esta vida nada está garantizado, a no ser la presencia de Dios. Esa presencia que se movía sobre la faz de las aguas cuando Dios trajo orden al caos que era el mundo. Esa presencia llenó el vientre de María cuando quedó embarazada del Hijo de Dios. Esa presencia que hizo que Jesús, el Hijo de Dios, soportara la incomodidad de ser también el Hijo del Hombre, y muriera como un pecador para que un día todos pudiéramos resucitar como santos. Esa presencia que hizo que María soportara el dolor de ver a su hijo inocente llevando sobre sí lo pecados de toda la humanidad, incluso los de ella. La presencia de Dios es más fuerte que todos los aguijones de la muerte.

La presencia de Dios es más fuerte que todos los aguijones de la muerte.

Sinceramente, no entiendo que Dios permitiera la muerte de mi hijo para que yo pudiera consolar a las madres de otros niños que murieron. La sangre de Jesús siempre fue suficiente. Además, creo que el Dios a quien amo, y que me ama con amor indescriptible, tiene un poder de hacer que todo, incluso la misma muerte de un hijo, contribuya para el bien. Haciendo esto, nos hace superiores al dolor que experimentamos. Eso es lo que yo entiendo por superación.

Ese texto escrito por el apostar Pablo, que acabamos de leer, inspiró una de mis más preciosas canciones. Voy a contarles como fue.

Espírito Santo, ora por mí

Hace algunos años llamé desde el aeropuerto a una gran amiga intercesora y le pedí que me respaldara en oración porque iba a subir al avión en dirección a Belo Horizonte, para atender una invitación de unos amigos pastores muy amados. Ella era una mujer alegre, siempre sonriente, despilfarrando alegría incluso si el mundo se estaba desmoronando a su alrededor. La vida no era fácil para ella en aquel tiempo, teniendo que lidiar con sus luchas personales con un esposo infiel, y criar a sus hijos prácticamente solita en la ciudad de Río de Janeiro. Aun así, ella siempre nos recibía con una sonrisa, un abrazo y un pastel delicioso, siempre le pedíamos un pedazo para llevar a casa, dentro de una de sus vasijas, claro. Un día vino a visitarme a casa y cuando abrió mi armario para buscar un vaso de agua, vio una pila de sus propias vasijas. No me recriminen por eso, al final de cuentas, ¿quién se acuerda de devolver las vasijas de sus amigas? ¡Crimen confesado, pecado perdonado! Aquel fue un día de muchas risas en casa. Me atraparon en el acto. Devolví las vasijas para que las llenara de nuevas golosinas. ¡Muy agradecida!

Creo que el deseo número uno de toda mujer de Dios que tiene hijos es que ellos tengan una conexión íntima y profunda con Dios. El deseo número dos es que ellos jamás pierdan esa conexión. Toda mujer que ha tenido una experiencia con Dios sabe cuán preciosa es su presencia y quiere que sus hijos experimenten la misma riqueza. Sin embargo, no tenemos el poder de dirigir a nuestros hijos para siempre. Por un tiempo decidimos, después opinamos y orientamos, y después, finalmente, ellos vuelan, siguen su rumbo, toman sus propias decisiones. ¡Cuán difícil es dejar volar a un hijo! Mi corazón se aprieta de solo pensarlo. Mi amiga de corazón estaba triste aquella mañana justamente por una actitud de su amada hija que hizo que ella se sintiera traicionada, fracasada y humillada.

Aquella mujer, una vez alegre y risueña, conocida por todos por la risa y su cálido abrazo, esa mañana contestó el teléfono llorando, y cuando escuchó mi petición de oración, respondió: "Eyshila, hoy yo no soy capaz de hacerlo. Hoy quien va a orar por mí es usted. Estoy devastada por el dolor y la decepción. Mi corazón está herido y desesperado. Hoy usted ora y yo lloro. Estoy sin fuerzas".

Todas nosotras necesitamos de amigas con quienes podamos ser auténticas. Todas necesitamos de personas a quien podamos contar nuestros secretos, compartir nuestras derrotas y también nuestras victorias, sabiendo que va a llorar por lo que perdimos y celebrar por lo que vencimos. Quien no tiene amigas así necesita orar para que sean reveladas, porque existen, y Dios sabe dónde están. Una de las diferencias entre ser "Mujer Maravilla" y ser una "mujer maravillosa" es justamente la soledad de uno en comparación con la necesidad del otro de estar en compañía de otros que, aunque maravillosos, están sujetos a las mismas dificultades de la vida. Necesitamos amigas con las que podamos ser vulnerables e imperfectas.

En su libro *"la valentía de ser imperfectos"*, Brené Brown escribe lo siguiente:

> Ser "perfecto" y "a prueba de balas" son conceptos bastante seductores, pero que no existen en la realidad humana. Debemos respirar profundo y entrar en la arena, cualquiera que sea: una nueva relación, un encuentro importante, una conversación difícil en familia o una contribución creativa. En vez de sentarnos al borde del camino y vivir según el juicio y la crítica, debemos atrevernos a aparecer y dejar que nos vean. Eso es vulnerabilidad. Ese es el valor de ser imperfecto. Eso es vivir con audacia.

No existe la Mujer Maravilla, a prueba de balas, pero la maravilla del evangelio es que en Cristo somos capaces de superar todas y cualquier circunstancia. Otra verdad absoluta es que necesitamos de amigas con las cuales tengamos el coraje de ser imperfectas. Eso es saludable para nuestras emociones.

Entré en el avión perpleja. Yo era muy joven, estaba viviendo el comienzo de mi matrimonio y de mi ministerio. Cuántas madrugadas mi amiga de oración había pasado despierta conmigo, orando por mi esposo que era un drogadicto, a pesar de ser el hijo de un pastor, nacido y criado en la iglesia. Mi suegra conocía el dolor de ver un hijo tomando decisiones completamente diferentes de aquellas que fueron enseñadas por sus padres, y ahora mi amiga estaba sufriendo el mismo mal delante de mis ojos. No es lo que yo esperaba. Frente a aquella situación no tenía elección, excepto orar por ella, así como ella había hecho por mí tantas veces. Cerré los ojos y comencé a clamar a Dios en mi espíritu, sintiendo su dolor, hasta que las lágrimas comenzaron a rodar involuntariamente de mis ojos., como una gran cascada. En aquel momento una canción comenzó a brotar del trono de Dios con letra y melodía. Mi voluntad era cantar bien alto para que todos oyeran, tal fue la gloriosa presencia que llenó mi corazón dentro de aquel avión. Por algunos instantes pude sentir un poco del dolor que ella estaba sintiendo, pero al mismo tiempo experimenté un peso de la gloria incomparable mayor que aquel que la estaba asfixiando, el peso de la presencia de Dios, que nos garantiza la certeza de que habrá paz en medio de la guerra, alegría en medio del dolor, consuelo en medio de la pérdida y esperanza después de la desesperación. Esta verdad ha sido mi norte en el camino.

Aquí está la letra de la canción que Dios me dio ese día:

Espíritu Santo, ora por mí
Lleva a Dios todo aquello que yo necesito
Espíritu santo, usa las palabras
Que yo necesito usar, pero no consigo
Ayúdame en mis debilidades
No sé cómo debo pedir
Espíritu Santo, ven a interceder por mí
Todas las cosas cooperan para bien
De aquellos que te aman
Espíritu Santo, ven a orar por mí

Estoy llamando, estoy pidiendo
Solo Dios sabe el dolor que siento
Mi corazón está herido
Pero mi clamor está subiendo.

EYSHILA, *Espírito Santo*[3]

---

[3]Editada en MK Music.

Días después, yo estaba en mi compañía discográfica en una reunión para decidir el repertorio del Grupo de Voces, grupo del cual yo hacía parte en esa época, cuando Fernanda Brum — mi amiga hermana, aquella del tipo que Dios coloca en nuestra vida para siempre — estaba presente. Al oírme cantar la canción, ella comenzó a llorar al punto de sollozar y cayó de rodillas en la habitación adorando a Dios. Me acuerdo perfectamente de aquella escena. Ella fue tomada por el dolor que había en su corazón por no conseguir sostener a un bebé en su vientre. Ya había perdido dos niños hasta entonces, y ni siquiera sabía que perdería dos más en un futuro muy cercano. Al verla llorar de aquella manera, tocada por la canción, inmediatamente le ofrecí que la grabara. Y fui en su voz que Brasil entero conoció una de mis canciones más lindas que Dios me ha dado. Esa canción fue inspirada en el dolor de una amiga y fue interpretada por otra que también estaba sufriendo su propio dolor: una llorando por la hija viva, y la otra sufriendo por los hijos que aún no habían nacido. Las dos tenían algo en común: eran mis amigas íntimas, mujeres de Dios con un corazón quebrantado y el alma abatida delante de dolores impuestos por la vida, y estaban en la mano del Único que tiene consuelo y repuesta para cada uno de nuestros dolores y decepciones: el amigo Espíritu Santo. Fernanda Brum grabó Espíritu Santo, la canción que escribí para Sara.

Por cierto, Sara tuvo su victoria al ver a su hija transformada, restaurada y usada por Dios en el ministerio de la liberación de los drogadictos. Hoy preside la Casa de Maquir, una institución sin fines de lucro que tiene como objetivo la recuperación de los narcodependientes. Está casada y tiene tres hijos. Una mujer de Dios, llena de fe y osadía. ¡Ella se superó!

Fernanda Brum hoy tiene dos hijos, Isaac y Laura, dos lindos milagros, que sirven al Señor junto con ella y su esposo, el pastor Emerson Pinheiro, en la iglesia Profetizando a las Naciones, en Barra da Tijuca. Ellos también fueron superiores a sus pérdidas.

¿Sabe qué más tienen ellas dos en común? Me han soportado durante casi treinta años. Nunca pararon de abrazar, consolar, aconsejar, orar por mí y cargarme cada vez que yo casi renuncié a seguir. ¡Ellas son mis amigas!

¿Qué sería de nosotras, mujeres maravillosas, si no fuera por nuestras amigas? ¡Amigas curan! Amigas expresan entre sí el amor y la solidaridad de un Dios que no nos creó para que viviéramos aisladas en los momentos insoportables de angustia, mucho menos en las horas de la alegría. ¿Qué gracia tiene una gran victoria si no tenemos a nadie a quien contarla? Los amigos son también las herramientas de Dios para moldearnos.

Hierro con hierro se aguza; Y así el hombre aguza el rostro de su amigo (Pv 27.17).

Nadie tiene mayor amor que este, que uno ponga su vida por sus amigos. Vosotros sois mis amigos, si hacéis lo que yo os mando. Ya no os llamaré siervos, porque el siervo no sabe lo que hace su señor; pero os he llamado amigos, porque todas las cosas que oí de mi Padre, os las he dado a conocer. No me elegisteis vosotros a mí, sino que yo os elegí a vosotros, y os he puesto para que vayáis y llevéis fruto, y vuestro fruto permanezca; para que todo lo que pidiereis al Padre en mi nombre, él os lo dé. Esto os mando: Que os améis unos a otros (Jn 15.13-17).

Tengamos una cosa muy clara en nuestra mente. Por más generosos que sean nuestros amigos, ellos jamás serán perfectos. Y por más que nos esforcemos jamás cumpliremos todas las expectativas de nuestros amigos. Solo existe un amigo perfecto: Jesús. Aquello que falta en nuestros amigos, hijos, esposos, padres o líderes, él lo tiene.

Porque en él habita corporalmente toda la plenitud de la Deidad (Col 2.9).

Jesús fue nuestro amigo cuando se despojó de su trono de gloria para nacer, vivir y morir como uno de nosotros. Siempre estaba rodeado de amigos. Algunos más allegados, al punto de apoyar su cabeza en su pecho y hacerle preguntas como: "¿Quién te traicionará, Jesús?"

Todas las veces que Juan se refirió a sí mismo en el Evangelio que escribió, se autodenominó: "el discípulo a quien Jesús amaba".

Cuando vio Jesús a su madre, y al discípulo a quien él amaba, que estaba presente, dijo a su madre: Mujer, he ahí tu hijo (Jn 19.26).

Este es el discípulo que da testimonio de estas cosas, y escribió estas cosas; y sabemos que su testimonio es verdadero (Jn 21.24).

Fue el propio Juan, aquel que se vio como el discípulo a quien Jesús amaba, que decidió registrar su historia de amistad con Jesús, el Hijo de Dios.

Necesitamos de amigos con quienes podamos construir una historia para contar a las futuras generaciones. Po encima de todo, necesitamos permitir que Jesús encabece la lista de amigos que estarán a nuestro lado viviendo las historias más increíbles y participando de nuestros sueños más imposibles.

Amigo es mucho más que alguien con quien hablar, alguien a quien abrazar
La amistad es una bendición que viene del corazón de Dios para curarnos
Así eres tú para mí
Como una perla que me sumergí para encontrar
Así eres tú para mí
Un tesoro que guardaré para siempre.

Amiga, nunca me rendiré contigo.
Y por tu vida intercederé
Incluso si estoy lejos
Mi amor te encontrará porque eres imposible de olvidar

Creo en ti
Creo en los sueños de Dios para tu vida, amiga
Oro por ti porque tu victoria también es mía.

EYSHILA, *Imposible de olvidar*[4]

Que Jesús, el amigo fiel y perfecto, sea aquel que lidera la lista de amigos que nos rodean en cada momento marcante que la vida nos

---
[4]Editora MK Music.

proporciona. Que tengamos amigas valientes como Leiliane, que se olvidó de sus propias limitaciones y avanzó en dirección de alguien que ni conocía, solo por la alegría de salvar una vida.

Amigas como Sara, que tuvo el valor de ser vulnerable y autentica, y su historia produjo una canción que hasta hoy inspira multitudes. Amigas como Fernanda, que cantó en mi matrimonio, filmó mis partos, cantó para mis hijos cuando nacieron y también estaba a mi lado, sosteniendo mi mano, cuando a Dios le agradó recoger a uno de ellos. Usted necesita de amigos que estén presentes.

Mujer Maravillosa, en algún lugar de este mundo existen amigas maravillosas, preciosas y poderosas, listas para unirse a usted en sus batallas. Ellas van a ayudarla a superarse. Cuando ellas aparezcan usted lo va a saber. Amigas así son imposibles de olvidar.

https://bit.ly/2CZCMnW

PARTE TRES

EL PLAN DE DIOS

"Y a Aquel que es poderoso para hacer todas las cosas mucho más abundantemente de lo que pedimos o entendemos, según el poder que actúa en nosotros, a él sea gloria en la iglesia en Cristo Jesús por todas las edades, por los siglos de los siglos. Amén."

EFESIOS 3.20-21

CAPÍTULO NUEVE

El plan de Dios

Traigo aquí este conmovedor testimonio de Bianca Toledo[1]:

Quien haya experimentado la esterilidad en algún área de su vida sabe que es dolorosa. Nuestra conciencia es cruel al castigarnos cuando nos enfrentamos a alguna discapacidad propia, aunque sea física. Sentimos que de alguna manera fallamos.

Yo descubrí que no podía tener hijos con 16 años. Tuve que cauterizar mis ovarios debido a la endometriosis en una cirugía de video laparoscopia. Oí que no quedaría embarazada. Todavía yo era joven, pero soñaba desde niña con la maternidad; ese instinto es muy fuerte en mí. Fui confrontada con muchos exámenes negativos y síntomas falsos en el curso de mi vida y pensaba que ya era vieja cuando Dios dijo que iluminaría mi casa tocando mi vientre y respondiendo a mis oraciones. Nunca me canse de pedir, pero con el tiempo mi fe se había enfriado. Dios no se aflige con nuestra espera, no sufre la angustia del tiempo. En la eternidad estaremos tan plenos como él. Aquí muchas veces nos encontramos incompletos porque desfallecemos debilitados por la ansiedad. En Dios todo ya ha sucedido. A veces creo que necesitamos pensar como Él.

---

[1] Bianca Toledo es pastora, cantante, escritora, coach y oradora internacional.

Me había casado precipitadamente para no quedarme sola y también presionada por amigos que creían que era lo correcto para mi edad. El matrimonio fue un error y en menos de dos años ya me había separado dos veces. Me sentía usada y abandonada. Pero, como fue prometido, a los 31 años quedé embarazada en mi primer matrimonio. Para mi pequeña fe, el embarazo fue una sorpresa. Pero cada día de embarazo me rebosaba de una manera diferente por la gracia de albergar a alguien dentro de mí. Yo hablaba con él, cantaba para él, quería saber cómo era, como era su llanto, sus ojos… y si se parecería a mí. Yo tenía tanto amor dentro de mí guardado para él… Con 36 semanas tuve una crisis de llanto y le dije a Dios que a pesar de toda mi gratitud y de toda su fidelidad en escucharme y atenderme, mi vida estaba demasiado desordenada y no tenía un hogar listo para recibir a este bebé. Lloré abundantemente mientras escribía una carta a Dios, diciendo: "Padre, haz lo que sea necesario, pero llévame de vuelta al centro de tu voluntad".

Yo no imaginaba el poder de esas palabras. Dormí llorando sobre el papel y me desperté con dolores agudos en el estómago, dolores por la pérdida de aire. Todavía faltaba un mes, pero pensé que el bebé iba a nacer.

Los médicos hicieron todos los exámenes y dijeron que no había nada mal con el bebe, a pesar de todo aquel dolor y del vómito oscuro. Cuatro días después, internada todavía, decidieron sacar al bebé. En el camino de la sala de parto vomité y respiré ese vómito. Fui entubada apresuradamente y me perdí el nacimiento; la llegada de mi sueño. No recuerdo nada… mi cuerpo entró en shock. Tuve una peritonitis con septicemia. Los órganos dejaron de funcionar y estaba en un coma profundo sin posibilidad de retorno. Doy gracias a Dios porque mi hijo nació sano, aun antes de tiempo. Él era lindo, rubio de ojos azules. Estuvo doce días en la UCI y fue a la casa, donde mi madre — que había venido de lejos parta acompañar el parto — tuvo que prepararlo todo apresuradamente para recibir al bebé, que ahora nadie sabía si tendría una madre. ¡Qué días tan difíciles! ¡Cuánta desesperación han experimentado todos ustedes!

Mi cuerpo ya no estaba más vivo, era mantenida por las máquinas. El fallo de múltiples órganos era inevitable y necesitaba mucha sangre: incluso recibí más de trescientas bolsas.

Fue necesaria una campaña de donación de sangre que conmovió a una multitud. Comenzaron a orar por mí conocidos y desconocidos, porque yo estaba sustentada por la fe y desahuciada por la ciencia. Falla cardiovascular, digestiva, respiratoria, hepática, insuficiencia renal, infección generalizada y, al pasar inexplicablemente meses en esta condición (porque la literatura médica demuestra que tal paciente solo puede soportar 48 horas de vida artificial conectada en dispositivos), mi musculatura sufrió una atrofia severa. Me enfermé de una miopatía multifactorial aguda. Sufrí un acortamiento de brazos y piernas y tuve atrofia de la laringe y de las cuerdas vocales. Durante cuatro meses con la traqueotomía, ya sin tragar, no pude hablar con normalidad. Me he dedicado a la música toda mi vida, con dos graduaciones. Había sido cantante y era coach vocal. Pero, en ese momento vivir de nuevo sería un gran logro, aunque en una silla de ruedas necesitaría ayuda para todo. Los médicos dijeron que el milagro sería volver a respirar sin aparatos, aunque hicieran un trasplante de todos los órganos. Para empeorar las cosas, en el hospital contraje una súper bacteria multirresistente a las drogas llamada KPC.

Creo que Dios realmente nos quiso probar que nada es imposible para él, y que ningún empeoramiento lo asusta o impide su acción. ¡Eso me recuerda el milagro de Lázaro! ¿Por qué Jesús necesitaba demorarse tanto? Era un amigo que él amaba mucho, más se demoró cuatro días para llegar. Realmente esperaba que se agotaran todas las esperanzas de esa cultura, que se agotaran todas las respuestas científicas y religiosas. ¡Porque de hecho Jesús está por encima de todo eso! Pensamos que podemos crear a Dios con nuestra fe, pero él viene *antes* de la fe, siendo su autor y consumador.

En momentos de total falencia física y emocional, nos encontramos con él. El agotamiento siempre será una valiosa oportunidad para el renacimiento. Es cuando nos damos cuenta de nuestra insuficiencia, nuestra debilidad y nuestra extrema necesidad de vida, en todo lo que esto puede significar para nosotros: necesitamos una vida real, física, emocional, social, familiar, ministerial, financiera y profesional. Y el equilibrio que nos hace rebosar está en Dios.

Pensamos que podemos crear a Dios con nuestra fe, pero él viene antes de la fe, siendo su autor y consumador.

Después de cuatro meses de muerte en cuerpo y mente, yo escuche la voz de Dios. Él me visitó en la UCI semi intensiva y dijo que me restauraría completamente para decirle al mundo quién es y qué hizo por mí. Ya había tenido dos paros cardíacos de más de dieciocho minutos. Hasta hoy he dado conferencias en congresos médicos para decir que los milagros ocurren y que uno nunca debe renunciar a un masaje cardíaco, incluso si el paciente está sin vida durante mucho tiempo. Digo que puede ser un creyente que ora, y Dios puede decidir traerlo de vuelta. Milagrosamente, Dios me dio cuatro galones de orina justo después de hablar conmigo. ¡Mis riñones habían estado parados por más de 120 días! Nadie podía creer lo que estaba pasando, pero Dios me visitó en el hospital y dijo que me llevaría por toda la tierra para decirme que es real.

Conocí a mi bebé cuando ya tenía 4 meses y medio, y me dieron de alta para tocarlo con 7 meses. Estaba en una silla de ruedas, sin pelo y sin músculos sanos. No tenía más autonomía para hablar, caminar o comer normalmente. Pero Dios me hablaba poderosamente todos los días y me decía qué hacer. He aprendido a obedecer, creer y confiar. La gratitud y el quebrantamiento han cambiado mi vida. Conozco el valor del aire que respiro.

Por meses yo leía la Biblia el día entero. Yo ya era cristiana hace quince años, pero ahora las letras saltaban delante de mis ojos y yo lloraba. Demoré dos años para conquistar total autonomía y en ese tiempo no dejé de hablar del hecho de que Dios existe en ninguno de mis días. Durante siete años pude llegar a más de cien millones de personas en Prueba Viva y hoy ayudo a estas personas a contar sus historias de milagro y superación a través del verdadero evangelio practicado con el poder de la oración. *El milagro es Bianca.*

BIANCA TOLEDO

Verdaderamente tú eres Dios que te encubres, Dios de Israel, que salvas (Is 45.15).

La frustración es una intrusa que invade nuestra vida disfrazada de insatisfacción. Proyectos no alcanzados, son sueños no realizados, bruscas interrupciones en nuestros objetivos obviamente nos dejan muy frustrados. La frustración solo existe cuando alguna expectativa está en juego. Siendo así, cuanto más expectativa, más frustrados quedamos.

Ella no anda sola. Siempre trae consigo una caravana formada por sus amigos íntimos, es decir, decepción, desilusión y tristeza. Nos frustramos cuando nuestros ideales no se alcanzan. Si no podemos superar una frustración, esta puede convertirse en un síndrome con síntomas vinculados a rupturas emocionales en varios niveles de intensidad, con diversas consecuencias.

A veces usted puede preguntarse: ¿puedo pedir cualquier cosa a Dios si tuviera suficiente fe? Aquí está la respuesta de la Biblia a esa pregunta:

Porque todo lo que es nacido de Dios vence al mundo; y esta es la victoria que ha vencido al mundo, nuestra fe (1Jn 5.14).

Jesús nos dejó un modelo de oración. No es un rezo para ser repetido millones de veces, ni un amuleto de protección para colgar en la puerta de entrada de la casa, sino una orientación y un camino de comunicación con Dios. Jesús nunca dio a sus discípulos una lección sobre cómo hacer milagros o incluso predicar la Palabra. Simplemente los envió a esas tareas. Pero Jesús se molestó en enseñarnos a orar. En este sublime modelo que nos dejó Jesús, llegamos a conocer algunas cosas muy importantes sobre Dios:

1. Él es nuestro padre.
2. A pesar de estar tan cerca de nosotros como un padre, está en el cielo en un alto y sublime trono y gobierna el universo. Él tiene el control de todo.
3. Él es santo, pero no inalcanzable.
4. Él desea usarnos para manifestar su reino en la tierra. No solamente dentro de cuatro paredes de un templo, sino en todos los lugares donde colocamos la planta de nuestro pie.
5. Él desea manifestar en el mundo natural lo que ya ha sido decretado en el mundo de los espíritus.
6. Él desea suplir cada una de nuestras necesidades. Él es nuestro proveedor.
7. Él se complace en perdonarnos y espera que nosotros hagamos lo mismo por aquellos que nos han ofendido.
8. Él desea que seamos vencedores sobre todo el mal. El mal que está en el mundo, el mal que está en nosotros y el mal que habita en la propia persona de Satanás. No hay un mal lo suficientemente grande que no podamos vencer en Dios.
9. Él es el Rey que tiene todo el poder, y a él debemos dar toda honra y toda gloria para siempre.

Antes de enseñar a sus discípulos a orar, Jesús los advirtió a no comportarse como los paganos. El enseña: ¡No sean iguales a ellos!

> *Y orando, no uséis vanas repeticiones, como los gentiles, que piensan que por su palabrería serán oídos. No os hagáis, pues, semejantes a ellos; porque vuestro Padre sabe de qué cosas tenéis necesidad, antes que vosotros le pidáis* (Mt 6.7-8).

La última cosa que Dios quiere de nosotros es que nos relacionemos con él de forma automática y mecánica. Si quisiese eso, habría creado robots y no hombres y mujeres a quienes escogió llamar hijos. Otra cosa que me conforta al leer esta oración es la seguridad de que Jesús no enseñaría a orar por algo que Dios no estuviera dispuesto a realizar por nosotros. Ricos o pobres, sabios o ignorantes, independientemente de su cuna y origen, todo el mundo puede encajar perfectamente en el papel de alguien que se presenta ante Dios para orar así:

> *Vosotros, pues, oraréis así: Padre nuestro que estás en los cielos, santificado sea tu nombre. Venga tu reino. Hágase tu voluntad, como en el cielo, así también en la tierra. El pan nuestro de cada día, dánoslo hoy. Y perdónanos nuestras deudas, como también nosotros perdonamos a nuestros deudores. Y no nos metas en tentación, más líbranos del mal; porque tuyo es el reino, y el poder, y la gloria, por todos los siglos. Amén* (Mt 9-13).

Todo lo que Dios nos orienta a pedir, está dispuesto a dárnoslo. Todo lo que Jesús incentivó a buscar, él está dispuesto a hacérnoslo encontrar. Lo que puede pasar eventualmente es una diferencia de interpretaciones y puntos de vista. Nuestro mirar sobre la vida no tiene la misma amplitud que el mirar de Dios. Él todo lo ve, todo lo puede y todo lo sabe. Él tiene una visión privilegiada de nuestro ser y del universo a nuestro alrededor. Conoce el pasado, el presente y el futuro. En nuestra visión limitada de la vida, no admitimos cuánta razón puede tener Dios sobre todo lo que nos concierne, y cómo sus decisiones tienen un maravilloso impacto en nuestras vidas, incluso si no coinciden con lo que soñamos e idealizamos. Como padre, él nos corrige y nos conduce de vuelta al camino correcto, del cual siempre nos desviamos para seguir nuestros instintos personales y nuestra voluntad. Él nos perdona cada vez que nos arrepentimos de nuestros errores y nos abraza con su maravillosa gracia. Alguien ha dicho con razón que no existe abismo tan profundo que la cuerda de la gracia no pueda alcanzar.

Siempre que soy desafiada a orar por causas imposibles en la vida de las personas, especialmente enfermedades incurables, afirmó: "Nuestro papel es creer y clamar por el milagro". No corresponde a nadie adivinar aquello que Dios no deseo revelar.

> *no existe abismo tan profundo que la cuerda de la gracia no pueda alcanzar.*

Rara vez he orado por alguien que estaba enfermo y Dios mostró que lo llevaría a la eternidad. Una de esas veces fue en Macapá, junto con la pastora Antonieta Rosa. Fui a acompañarla en una visita junto con Jozyanne, una gran amiga desde la infancia. Llegando allá, el enfermo era un pastor, que había sufrido un derrame y ya estaba en cama hacía algún tiempo. La pastora Antonieta, con la osadía y la valentía de una profetiza que no tiene compromiso de agradar a los hombres, sino obedecer la dirección de Dios, relató a la esposa del pastor la visión que había tenido con una línea de meta y al otro lado un jardín, que el pastor cruzaría. La visión era linda, traía la certeza del lugar donde aquel valiente hombre de Dios pasaría la eternidad, pero, siempre que el asunto es la despedida, el sentimiento es de tristeza y pesar. Nunca estamos suficientemente preparados para despedirnos de los que amamos. Aun sabiendo que un día nos encontraremos con ellos en el cielo, lloramos y sufrimos por la realidad de no tenerlos más aquí en este lado de la eternidad. La vida eterna es un consuelo, pero el anhelo no deja de existir por esta realidad latente en nuestro corazón.

Algunos años después, volví a aquella cuidad y encontré la viuda de aquel pastor. Ella me dijo que todo había pasado como la pastora había profetizado, y que Dios había cuidado de ella y de toda la familia. Aquella palabra trajo consuelo al corazón de todos los que amaban al pastor, Dios avisó a la familia sobre sus planes para que ella se preparara. Ellos fueron abrazados por el amigo Espíritu Santo. Fuimos a orar por la sanidad divina, pero le agradó a Dios curarlo para sí mismo. La oración fue contestada, solo que no fue de la manera que la familia deseaba. Sin embargo, junto con el dolor, Dios envió el consuelo. Eventualmente eso pasará en nuestra vida. Así en la tierra como en el cielo me dice que podemos pedir cualquier cosa a Dios, desde que estemos dispuestos a aceptar su voluntad.

> *Y él se apartó de ellos a distancia como de un tiro de piedra; y puesto de rodillas oró, diciendo: Padre, si quieres, pasa de mí esta copa; pero no se haga mi voluntad, sino la tuya. Y se le apareció un ángel del cielo para fortalecerle. Y estando en agonía, oraba más intensamente; y era su sudor como grandes gotas de sangre que caían hasta la tierra* (Lc 22.41-44).

Jesús oró al padre para que, si era posible, fuera eximido de esa copa de dolor. El peor dolor que Jesús estaba a punto de sufrir no era el de los clavos o los azotes que desgarrarían su carne, sino el dolor del vacío causado por la ausencia momentánea de Dios, en ese momento en el que todo el pecado de la humanidad descansaría sobre él.

Frente a aquella expectativa él sufrió tanto que sudó gotas de sangre. El evangelio de Lucas fue el único que registró ese detalle tan importante del sufrimiento que precedió a la crucifixión, tal vez por el hecho de ser médico. Lo que pasó con Jesús la ciencia humana lo llama hematidrosis, y normalmente pasa en situaciones de extremo estrés físico y psicológico. La tensión, en ese caso, es tan violenta que podemos provocar la dilatación de los vasos sudoríparos. Los vasos se rompen, y el resultado es sangre y sudor mezclados. Imagine la condición emocional de Jesús, al cargar sobre sus hombros el peso de los pecados de toda la humanidad. Imagine la angustia, la agonía, la tristeza, la soledad. Necesitó la presencia de un ángel del cielo para ayudarle a superar ese momento.

> *Cerca de la hora novena, Jesús clamó a gran voz, diciendo: Elí, Elí, ¿lama sabactani? Esto es: Dios mío, Dios mío, ¿por qué me has desamparado?* (Mt 27.46).

Jesús llegó a la cima del sufrimiento humano. No había ningún dolor comparado con el de él y no hubo situación que él no hubiera superado a través de esa elección de darse a sí mismo por nuestros pecados, incluso ante el "no" del Padre. Aun Jesús oró para que el Padre lo eximiera de aquel dolor, pero Dios ya había trazado un plan y le daba continuidad. No es fácil para nosotros aceptar una decisión de Dios cuando no se ajusta a nuestra voluntad. Pero es necesario. Nadie vence un sí del cielo. No tenemos mejor opción que arrojarnos a sus brazos y confiar en él.

Nadie vence un sí del cielo.

Existen cosas en la vida que el ser humano no va a entender, el escéptico cuestionará y los incrédulos murmurarán. Pero los que confían en el Señor tendrán fuerzas renovadas. Uno se preguntaría: ¿Por qué Matheus, una persona tan buena? ¡Porque los cielos están hechos de cosas buenas! Matheus está con el Señor, y el consuelo del Espíritu es nuestro amparo. No fue falta de oración, fe, ayuno ni unidad. La verdad, nadie consigue vencer un "sí" del cielo cuando el Eterno decide convocar a sus héroes. Así, sea establecida la voluntad del Rey cuando sus embajadores son convocados para a dar informes, algunos con días de vida más largos, otros con días menos largos. Te extrañaremos, Matheus; quedó marcado en la historia, fue conocido y amado por el pueblo de Dios y por muchos amigos seculares. A los padres, parientes y amigos, nuestros sentimientos. El dolor del luto será compensado por la presencia del Espíritu Santo.

RENE TERRA NOVA
Texto publicado en su Instagram personal

El "dolor" y la "presencia" del Espíritu Santo. ¿Cómo dos situaciones aparentemente tan distintas pueden convivir armoniosamente? Parece que no combinan. En nuestra manera limitada de ver la vida, no podemos concebir el hecho de que Dios habite en nuestros dolores.

Fue C. S. Lewis quien afirmó que "Dios susurra en nuestros oídos por medio del placer, nos habla mediante nuestra conciencia, pero clama en alta voz por medio de nuestro dolor".

¿Será que en ese momento de su vida usted consigue identificar el tono de la voz de Dios? La verdad es que nuestros gritos de dolor muchas veces sofocan el sonido de la voz del Señor. A veces él no habla lo que queremos escuchar, pero siempre tiene algo que decir. A veces Su respuesta negativa en el mundo natural es el resultado de una respuesta positiva en el mundo espiritual.

Estimada es a los ojos de Jehová la muerte de sus santos (Sal 116.15).

Para nosotros, la muerte siempre será una tragedia. Será el último enemigo vencido por Jesús.

Y el postrer enemigo que será destruido es la muerte (1Cor 15.26).

La muerte siempre será considerada como un enemigo feroz que persigue a todos hasta llegar a alcanzarlos uno por uno. Para aquellos que duermen en el Señor, queda un descanso. Para los que se quedan, queda la nostalgia.

¿La nostalgia pasa? Creo que no. Pero Dios concede gracia a los que se quedan a fin de que ellos soporten. Todos los días yo enfrento la nostalgia que Matheus dejó. Pero en la misma proporción de la nostalgia que quedó, Dios derrama su gracia y consuelo sobre mí. Creo que cuando lleguemos a ese entendimiento, podremos decir que llegó a "nostalgia buena".

En la eternidad
Sin sentir nostalgia
Vamos a adorar a Dios
Vamos a adorar a Dios
En la eternidad
Con mis amados
De la forma en que siempre quise

> *De la forma en que siempre quise*
> *Porque allá en el cielo todo el tiempo*
> *Es hora de ser feliz...*
>
> Eyshila, *En la eternidad*[2]

Orar para que sea hecha la voluntad de Dios "así en la tierra como en el cielo" requiere mucha valentía y determinación. Creer que Dios tiene las mejores decisiones sobre nosotros implica mucha confianza e intimidad en la relación. Encontrar el "sí" del cielo en nuestro viaje a menudo significa echar una nueva mirada a nuestra realidad. Sin embargo, el que tiene una historia de amor con Dios tiene una historia de amor con la vida. Dios es el autor de la vida. Él no nos engañó sobre la cuestión del sufrimiento, antes nos advirtió que, en este mundo, en este plano y esta realidad pasaríamos aflicciones. Si las aflicciones son eventualmente inevitables, necesitamos aprender a lidiar con esta a la manera de Dios, o sea de la forma como Jesús nos enseñó:

> *Padre, si quieres, pasa de mí esta copa; pero no se haga mi voluntad, sino la tuya* (Lc 22.42).

En aquel momento de dolor en la trayectoria de Jesús el grito del Padre era: "¡Aguanta firme, hijo! ¡Tú vas a lograr tu misión!"

Al aceptar el "no" de Dios en la tierra, Jesús estaba conquistando el "sí" del cielo para toda la humanidad. Nuestra redención es el resultado de un momentáneo no de Dios a Su propio Hijo Jesús. Como usted puede ver, el sí o el no de Dios son solo una cuestión de punto de vista.

Cuántos días pase llorando, intentando arrancar de Dios una explicación que diera algún sentido para mí. Como si sus explicaciones pudieran atenuar mi dolor. En aquel tiempo de profundo pesar incluso llegué a comprender las razones de aquellos que buscan un medio de

---

[2] Canción grabada por Bruna Karla, en memoria de su madre que partió cuando Bruna tenía apenas trece años. MK Editora.

comunicación con los muertos. Si no tuviera plena convicción en cuanto a que esa práctica es abominable para Dios, y que también tuviera absoluta certeza de que esa comunicación no pasa de ser una estrategia del enemigo para alejarnos todavía más de Dios en la hora del dolor y aprisionarnos en el problema, yo habría recurrido a ese mecanismo. Digo eso con mucho respeto y profunda solidaridad a todos lo que, así como yo, se despidieron de alguien que amaban mucho y pensaban que jamás superarían tal dolor.

Inmediatamente después de la partida de Matheus, aún bajo el impacto que el "sí del cielo" causó en mí, mi esposo y Lucas, nuestro hijo menor, recibí un video del pastor Dean, un pastor y cantante del grupo *Phillip's, Craig and Dean*, de Dallas-Texas, en el que me decía:

> Eyshila, todos nosotros oramos por la sanidad de Matheus. Aquí en Dallas, nuestra iglesia también intercedió por él. Le agradó a Dios recogerlo. Usted sabe que un día se encontrará con él en la eternidad. Sin embargo, esta certeza no le hará sentir menos nostalgia. Siendo así, mi consejo para usted es este: Deje de preguntar a Dios el "por qué" y pase a preguntar a Dios el "qué" hacer entre el día de hoy y aquel gran día en el cual usted encontrará a su hijo nuevamente.

> *Entre la promesa y el cumplimiento*
> *Hay un puente*
> *Que se llama tiempo*
> *Tienes que esperar, tienes que creer*
> *En Dios*
> *Descansa tu corazón*
> *Quita el ojo de la preocupación*
> *Dios tiene un milagro para ti cada día.*
>
> Eyshila / Delino Marçal, *Descanse tu corazón*

En el breve intervalo que nos separa de la eternidad, existe algo que podemos realizar, existe un dolor que podemos resignificar y existe un camino que no podemos abandonar. Como dijo el apóstol Renê Terra Nova en su texto, "algunos con días más largos de vida, otros con días menos extensos", pero todos, sin excepción, tendrán que lidiar con esa parte de la vida llamada muerte.

Puede ser que alguien logre burlarla por un breve periodo, como en el caso del rey Ezequías, que obtuvo quince años más de vida después de haber recibido del profeta Isaías la misión de arreglar los asuntos de su casa porque había llegado su hora de partir.

> En aquellos días Ezequías cayó enfermo de muerte. Y vino a él el profeta Isaías hijo de Amoz, y le dijo: Jehová dice así: Ordena tu casa, porque morirás, y no vivirás (2R 20.1).

Ezequías clamó a Dios y lloró amargamente pidiendo un tiempo más en la tierra. Entonces, antes que Isaías saliera del patio, Dios le mandó que volviera al palacio con un nuevo mensaje para el rey: "Yo he oído tu oración, y he visto tus lágrimas; he aquí que yo te sano; al tercer día subirás a la casa de Jehová. Y añadiré a tus días quince años".

Pasado ese tiempo, ya no hubo cómo el rey cediera su turno en la fila cuya contraseña todos queremos pasar al próximo, si es posible. El "sí del cielo" llegó a él también.

Lázaro fue otro que, ya muerto hacía cuatro días, oyó su nombre siendo llamado por el propio Dios encarnado y, no pudiendo resistir el sonido de aquella voz, volvió a su cuerpo ya en estado de putrefacción por los cuatro días de sepultura. Sin embargo, un día, la Biblia no nos relata cuándo ni de qué forma, Lázaro murió, y está esperando la resurrección, así como todos los que durmieron en el Señor.

> *Tampoco queremos, hermanos, que ignoréis acerca de los que duermen, para que no os entristezcáis como los otros que no tienen esperanza. Porque si creemos que Jesús murió y resucitó, así también traerá Dios con Jesús a los que durmieron en él. Por lo cual os decimos esto en palabra del Señor: que nosotros que vivimos, que habremos quedado hasta la venida del Señor, no precederemos a los que durmieron. Porque el Señor mismo con voz de mando, con voz de arcángel, y con trompeta de Dios, descenderá del cielo; y los muertos en Cristo resucitarán primero. Luego nosotros los que vivimos, los que hayamos quedado, seremos arrebatados juntamente con ellos en las nubes para*

recibir al Señor en el aire, y así estaremos siempre con el Señor. Por tanto, alentaos los unos a los otros con estas palabras* (1Tes 4.13-18).

¡Confórtese y anímese! El sufrimiento es un medio insustituible por el cual se aprende una verdad indispensable"[3].

> *El sufrimiento es un medio insustituible por el cual se aprende una verdad indispensable.*

La autora de esta frase, Elisabeth Elliot, se casó con Jim Elliot en 1953, en la ciudad de Quito, capital del Ecuador. En enero de 1956, su esposo fue secuestrado con otros cuatro amigos misioneros mientras intentaban evangelizar a la tribu indígena Huaorani. Victoria, su hija, tenía apenas diez meses de vida cuando su padre fue muerto. Elisabeth tenía todo el derecho de volver a su país para buscar consuelo en los brazos de sus familiares y amigos más allegados, pero escogió quedarse dos años más en aquel lugar de tristes recuerdos. ¿Saben lo que prevaleció en la vida de Elisabeth? La esperanza. Cuando la esperanza prevalece sobre los recuerdos, logramos superar cualquier tipo de dolor sin abandonar el llamado. Dos años es exactamente el tiempo que los psicólogos dicen que es fundamental para que el luto comience a sanar, pero, en lugar de volver a su casa a vivir su luto al lado de sus familiares, Elisabeth escogió seguir con su misión. Ella se dio cuenta que había algo que hacer, aun sin entender el "por qué". Escogió seguir predicando la Palabra en la cual tanto creía, aun cuando lloraba. Aprendió la lengua de los asesinos de su esposo y escogió amarlos en lugar de

---

[3]ELLIOT, Elisabeth. *Suffering is never for nothing* [El sufrimiento nunca es por nada]. Nashville: B&H Books, 2019.

odiarlos. Escogió perdonarlos, en lugar de abandonarlos. Habrá quien diga que eso es intentar ignorar el luto y que esa decisión puede traer serias consecuencias en el futuro. En cuanto a eso, todo lo que puedo decir, por experiencia propia, es que el luto no tiene manual. Cada uno encontrará su propio camino de curación y superación, de preferencia en la presencia de Dios.

En el año de 1969, Elisabeth se casó con Addison Leitch, profesor de teología del seminario *Gordon-Conwell*. En 1973, enviudó por segunda vez. En 1977, se casó de nuevo con Lars Grens, capellán de un hospital.

Nos dejó un legado como escritora, conferencista y también como colaboradora en la traducción de la Biblia NVI (Nueva Versión Internacional).

Elisabeth enfrentó muchos dolores, pero nunca desistió. Murió a los 88 años, pero su legado permanecerá para siempre vivo en nuestro corazón.

Ella fue quien definió el sufrimiento como "tener lo que no se desea y desear lo que no se puede tener". La triste realidad es que jamás tendremos todo en la vida. En verdad, hay momentos en los cuales llegamos a pensar que no vamos a sobrevivir frente a lo que nos falta, o aun a quienes nos faltan. En esas horas necesitamos osar salir de la posición de total desesperanza y dirigirnos valientemente a la próxima estación. Si para usted ha sido difícil lidiar con el "sí del cielo", porque se parece a un "no de la tierra", sepa que Jesús está a la diestra de Dios, intercediendo por usted, clamando en voz alta a través de su dolor, y una de las cosas que él quiere que usted crea es: ¡Usted lo va a lograr! ¡Aguante firme!

Por tanto, no renuncie antes de experimentar lo que viene después de la curva. Usted ni se imagina cuántas alegrías Dios planeó para usted en esta aventura que se llama "vida". Entonces, ¡permanezca viva! ¡Ame la vida! Espere por lo mejor de este recorrido entre el hoy y la eternidad. Finalmente, sea usted una joven de apenas 88 años o una anciana de 17, la eternidad está allí no más.

CAPÍTULO DIEZ

Más sobre perdón y perseverancia

Recientemente conversé con una mujer que estaba devastada por el dolor de la pérdida de sus dos hijos gemelos de 20 años en un accidente de carro. Quedé perpleja frente a la escena que ella me relató, de un entierro con dos cajones, uno de cada lado, ambos de sus hijos. Además de tener que lidiar con el dolor de la pérdida, ella necesitaba lidiar con el dolor de la culpa por haberles dado el carro de regalo. Su matrimonio naufragaba poco a poco. El esposo, que era cardiólogo, lograba arreglar el corazón de sus pacientes, pero jamás sería capaz de curar la herida emocional de su propio corazón. Aquella linda madre, una psicóloga acostumbrada a lidiar con el dolor en el alma de los otros, mostrándoles el escape y la curación de sus disturbios emocionales a través de las ciencias humanas, se sentía incapaz de ver por encima de aquel dolor. La abracé bien fuerte e hice una oración por ella, pero yo sé, así como toda madre que ha enterrado a su hijo sabe, que no hay palabras que traigan alivio a alguien en esta situación. Esta es una tarea sobrenatural que corresponde solamente al Espíritu Santo. Él también usa personas para consolar a otras personas, pero no necesariamente con palabras.

> Cuanto está lejos el oriente del occidente, Hizo alejar de nosotros nuestras rebeliones (Sal 103.12).

Mucho peor que convivir con el dolor de la despedida es tener que lidiar con el dolor de la culpa. Si la culpa no fuera un problema tan persistente, seguramente habría menos trabajo en los consultorios terapéuticos y psiquiátricos. La culpa, esté fundamentada en una verdad o no, jamás será una aliada en la hora del dolor, muy por el contrario. Impíamente asume el papel del verdugo que azota con el látigo nuestra alma haciéndonos sangrar hasta que no tenemos más fuerzas para continuar viviendo. Ciertamente hay un camino de superación para quien está viviendo sus pérdidas, pero la culpa, definitivamente, no puede hacer parte de este.

No me refiero a la culpa inherente al pecado, que lleva al arrepentimiento, la confesión y el perdón. Me refiero a aquella que nos mantiene encarceladas en nuestros dolores, cegando nuestra visión de la vida después de pérdidas y frustraciones.

Ese tipo de culpa puede ser fatal en la vida de alguien. Judas no se quitó la vida por estar arrepentido de lo que hizo, sino por sentirse perseguido por la culpa.

> *Este, pues, con el salario de su iniquidad adquirió un campo, y cayendo de cabeza, se reventó por la mitad, y todas sus entrañas se derramaron. Y fue notorio a todos los habitantes de Jerusalén, de tal manera que aquel campo se llama en su propia lengua, Acéldama, que quiere decir, Campo de sangre. Porque está escrito en el libro de los Salmos: Sea hecha desierta su habitación, Y no haya quien more en ella; y: Tome otro su oficio* (Hch 1.18-20).

Las personas perseguidas por la culpa dejan obras inacabadas. El arrepentimiento siempre es bienvenido y oportuno en la historia de quien erró. Genera perdón y liberación. La culpa, por otro lado, solo sirve para distorsionar nuestra imagen del mismo Dios. En lugar de lidiar con un Dios amoroso y perdonador, pasamos a lidiar con la imagen irreal de un Dios verdugo y perseguidor. Ese es el papel de la culpa. Transforma víctimas de violación y pedofilia en verdaderos villanos. ¿Quién nunca ha escuchado la historia de alguien que fue abusado, pero no denunció porque se vio como culpable y mantuvo silencio sobre los abusos por un buen periodo de tiempo?

¿Cuántas mujeres pasaron años siendo maltratadas por sus propios esposos, aquellos que debían protegerlas y dar la vida por ellas? Esas mismas víctimas, las que sobrevivieron para contar sus historias, dijeron en muchas ocasiones: "Él me golpeó, pero yo tuve la culpa. Al final, yo reclamé, no cumplí las expectativas, cuestioné, no fui comprensiva, hablé de más..." y la lista continúa. La culpa distorsiona completamente nuestra visión real de los hechos. Queremos un objetivo al cual apuntar nuestro cañón. En la ausencia de ese objetivo, apuntamos el cañón hacia nosotros mismos. Eso es enfermizo y puede ser fatal. Nadie consigue lidiar con un enemigo que tiene acceso a nosotros el día entero y no nos da tregua. Es una lucha cobarde de una persona herida e indefensa contra un gigante feroz e inmisericorde. El herido debe buscar protección debajo de la sangre de Jesús, el mismo que resolvió definitivamente el problema del pecado. Aunque la culpa que cargamos tenga fundamento, Jesús la llevó sobre sí. Basta tan solo que sea expuesta al poder de la cruz. No existe culpa suficientemente poderosa a los ojos de Jesús.

Una de las canciones más lindas que conozco fue escrita por un hombre que tenía todo para pasar el resto de sus días siendo azotado por la culpa.

De paz inundada mi senda esté
O cúbrala un mar de aflicción,
Cualquiera que sea mi suerte, diré:
"Estoy bien, tengo paz,
¡Gloria a Dios!"

Estoy bien,
¡Gloria a Dios!
Tengo paz en mi ser,
¡Gloria a Dios!

Cuando Horatio Gates Spafford despidió a su esposa y a sus cuatro hijas en aquel navío rumbo a Inglaterra, no se imaginó que recibiría una nota de Anna, su amada esposa, que decía: "Salvada sola". Él estaría en aquel mismo barco, a no ser por algunos compromisos de última hora que lo obligaban a permanecer por más tiempo en Chicago.

Me imagino el conflicto de Horatio cada vez que la traicionera culpa intentaba azotarlo con pensamientos enemigos, responsabilizándolo por no haber estado allá para salvarlos. En esas horas surgen los famosos por qué. ¿Por qué no lo evité? ¿Por qué no cancele el viaje? ¿Por qué no lo preví? ¿Por qué Dios no me dio ninguna señal? ¿Por qué no oré más? ¿Por qué no luche más? ¿Por qué, por qué y por qué? Todos esos pensamientos pueden visitarnos eventualmente, sea cual sea la pérdida que suframos. A veces la pérdida no es de un ser querido, sino de un sueño, una relación o un proyecto profesional. Todos vivencian los lutos, sus pérdidas personales en la vida.

Spafford no permaneció estancado en medio de aquella pérdida irreparable. Él la enfrentó viajando hasta Inglaterra para encontrar a su esposa. Pesando cerca del lugar de la muerte de sus hijas, escribió una de las más lindas canciones que el mundo haya escuchado: *It Is Well With My Soul*, cuya traducción literal es: "Todo está bien con mi alma". En la adaptación al español, quedó como: "Estoy bien".

Otra parte de la letra que escribió, que más tarde ganó la melodía del músico Phillip Bliss, dice así:

> *Ya venga la prueba o me tiente Satán,*
> *No amengua mi fe ni mi amor;*
> *Pues Cristo comprende mis luchas, mi afán,*
> *Y su sangre obrará en mi favor.*

Después del naufragio, la esposa de Horatio tuvo dos hijas más y un hijo también llamado Horatio, que falleció a los cuatro años de una enfermedad llamada escarlatina. Una tragedia más para la familia. Horatio, su esposa y sus hijas reunieron sus fuerzas para seguir rumbo a Jerusalén liderando un grupo de trece adultos y tres niños y fundaron una sociedad llamada Colonia Americana. Ellos iniciaron un trabajo filantrópico sin rótulos y sin fachada de iglesia, y con eso ganaron la confianza incluso de los musulmanes, además de personas de diversas religiones, incluyendo judíos y cristianos. Tuvieron un papel relevante durante y después de la Primera Guerra Mundial. Spafford murió trabajando para el Reino de Dios, cumpliendo su llamado y haciendo cada día suyo significativo y relevante en la tierra.

Si él hubiera permanecido en Chicago lamiéndose las heridas causadas por la culpa de no haberse embarcado con su familia para aquel fatídico viaje, Horatio jamás habría experimentado la sanidad que vendría a través de nuevas experiencias que Dios estaba trazando para él y Anna, su esposa. Es claro que nuevas experiencias también traen nuevos dolores, pero ¿qué es un nuevo dolor para quien ya ha superado lo insoportable en la presencia del Espíritu Santo, el Consolador?

Cuando oigo historias como la de aquella madre de los gemelos, o la de Horatio y Anna Spafford, viajo más allá de mi propio dolor y percibo que no soy la única que sufre en la faz de la tierra. Todos tienen su dosis de cáliz amargo en el desierto de su viaje. No hay vida totalmente exenta de crisis. Algunas son más visibles, otras permanecen en secreto, pero existen en todas las familias. Incluso en la Biblia sagrada, la santa Palabra de Dios, las crisis son libremente expuestas en la historia de vida de cada héroe y heroína que Dios escogió usar, como una forma de comunicarnos que no es la ausencia de problemas que nos hará llegar más lejos, sino nuestra capacidad de lidiar con estos bajo la óptica de Dios.

Oso decir que el sufrimiento, sometido a Dios, tiene el poder de agudizar nuestra creatividad. La naturaleza divina que habita en nosotros hace que tengamos esa capacidad sobrenatural de engendrar vida a partir del caos. En los peores momentos de mi historia nacieron las mejores canciones. Una es esta:

> *Sé que estás ahí, Señor*
> *Puedes percibir quien soy*
> *Puedes ver si hay en mí*
> *Un verdadero adorador*
> *Mi ofrenda*
> *Te ofrezco a ti, mi Dios*
> *Para reconocer que nada tengo*
> *Todo es tuyo*
> *Quiero adorarte, aunque la higuera no florezca*

Quiero alegrarme, aunque el dinero me falte
La victoria viene, aunque parezca que es el fin
Pues tú eres fiel, Señor, fiel a mí
Tú eres fiel, Señor
Yo sé que tú eres fiel
Tú eres fiel, Señor
Yo sé que tú eres fiel
Y aunque yo no lo merezca
Permaneces así
Fiel, Señor, mi Dios
Fiel a mí
Fiel, Señor, mi Dios
Fiel a mí.

EYSHILA, *Fiel a mí*

Esta canción fue inspirada en la oración del profeta Habacuc, y nosotros vamos a meditar un poco más profundamente sobre eso más adelante, en los próximos capítulos. Por ahora, quiero solo recordarle que Dios permanece fiel, querida amiga que viaja conmigo por las páginas de este libro. Dios no pierde su naturaleza divina en la medida que enfrentamos pérdidas en la vida. La fidelidad es una cualidad intrínseca en el carácter divino. Es perfectamente normal que, en medio de la tempestad, preguntemos si a él no le interesa que perezcamos. Si sentimos dolor, sea físico o emocional, nuestro primer impulso es recurrir a la fidelidad de Dios. Es normal que esperemos de él un posicionamiento a nuestro favor y contra nuestros enemigos, que no son personas, sino poderes espirituales que habitan en las regiones celestiales.

> *Porque no tenemos lucha contra sangre y carne, sino contra principados, contra potestades, contra los gobernadores de las tinieblas de este siglo, contra huestes espirituales de maldad en las regiones celestes* (Ef 6.12).

Y, aunque alguien usado por Satanás se levante para perseguirnos en esta vida, nuestra lucha no es contra esa persona, sino contra quien la está usando. He visto mujeres boicoteándose por cuenta de sus guerras contra esposos que las abandonaron hace años, ya constituyeron una nueva familia y siguieron su vida. Aunque el divorcio sea un tema de verdad complejo de abordar en las iglesias, es una realidad en la vida de muchas mujeres, recién llegadas o no en la convivencia de la congregación. ¿Vamos a descartarlas? ¡Jamás! Vamos a abrazarlas y amarlas de todo corazón. Dios odia el divorcio, pero ama a cada una de sus hijas, sean divorciadas o no. El divorcio es una verdadera amputación. ¿Dios abandona a un hijo porque perdió uno de sus miembros de su cuerpo? Creo que no.

Las consecuencias son inevitables, eso es verdad. Pero la fidelidad de Dios también se extiende a ese tipo de tragedia. El divorcio no es el plan de Dios para la vida de nadie, pero sí un último recurso al que recurrir por causa de la dureza de los corazones. Así como un divorcio, la ausencia, la traición por parte de un amigo íntimo, la decepción y principalmente el luto pueden sacar a luz muchas dudas en cuanto a la bondad y fidelidad de Dios.

Mi consejo es: En caso de duda, abrace la Palabra. Cuando la duda le presente muchos motivos para desconfiar de la fidelidad de Dios, restriegue en la cara de la duda las verdades contenidas en la Palabra de Dios sobre su fidelidad. Hable en voz alma para que la duda escuche y se retire.

> *Y pasando Jehová por delante de él, proclamó: ¡Jehová! ¡Jehová! fuerte, misericordioso y piadoso; tardo para la ira, y grande en misericordia y verdad* (Éx 34.6).

> *Celebrarán los cielos tus maravillas, oh Jehová, Tu verdad también en la congregación de los santos* (Sal 89.5).

> *Anunciar por la mañana tu misericordia, Y tu fidelidad cada noche* (Sal 92.2).

> *Por la misericordia de Jehová no hemos sido consumidos, porque nunca decayeron sus misericordias. Nuevas son cada mañana; grande es tu fidelidad* (Lam 3.22-23).

Jehová, hasta los cielos llega tu misericordia, Y tu fidelidad alcanza hasta las nubes (Sal 36.5).

Las misericordias de Jehová cantaré perpetuamente; De generación en generación haré notoria tu fidelidad con mi boca (Sal 89.1).

Porque Jehová es bueno; para siempre es su misericordia, Y su verdad por todas las generaciones (Sal 100.5).

No han sido pocos los momentos en mi camino en los cuales he sido directamente desafiada con respecto a la fidelidad de mi Dios. Cuando eso sucede, lleno el ambiente a mi alrededor con la única herramienta que puede producir fe en el corazón de alguien: la Palabra. Cuando mi fe es puesta a prueba como consecuencia de los dolores recientemente experimentados, mi antídoto es la Palabra. La palabra de Dios es viva y eficaz, y más cortante que toda espada de dos filos; y penetra hasta partir el alma y el espíritu, las coyunturas y los tuétanos, y discierne los pensamientos y las intenciones del corazón (Heb 4.12), aunque esté completamente contaminado por la decepción.

Cante y oiga canciones de adoración a Dios. Esté cerca de personas que tienen fe, más fe que usted. Gente de carne y hueso, pero que ya vivieron frustraciones y las superó. ¡Corra a la casa de Dios! Quedarse trancada entre cuatro paredes no va a contribuir con su curación; solo va a traer más agonía. Anímese con los testimonios de otras mujeres, cuyos ministerios han impactado generaciones. Lea buenos libros. Por encima de todo, lea y decore frecuentemente pasajes de la Biblia. Usted va a ver cuánto esa herramienta va a ser útil a la hora de su pelea con su propio yo, cuando el diablo intente convencerla de dudar de la fidelidad de su Dios.

Las circunstancias no pueden ser más poderosas que Dios en su vida.

Más que todo, mire hacia su pasado con gratitud. Aquello que quedó atrás no puede superar lo que Dios está reservando para su futuro. Mire hacia su presente con perseverancia, aunque el mundo alrededor esté en ruinas. Las circunstancias no pueden ser más poderosas que Dios en su vida. Mire hacia su futuro con esperanza. Usted es mujer. Usted tiene en sus manos la solución para algo inconcluso. Usted tiene una fuerza que todavía desconoce, porque Dios no se lo va a revelar de una sola vez, sino poco a poco. Persevere en su misión de ser mujer en toda la plenitud de ese llamado. Recuerde que, antes de ser madre de un hijo que murió, usted es hija de Dios. Antes de ser exmujer de un esposo traidor, usted es novia de Cristo. Antes de ser ama de casa, pastora, cantante o profesional liberal, usted es una obra perfecta de un Dios que la conoce aún antes de que usted existiera. Usted no es el grupo de un error de un Dios muy distante que tiene más que hacer allá en el cielo. Usted es una mujer; alguien indispensable en las manos de un Dios fiel.

Capítulo once

Entre la fe y la depresión

Y allí se metió en una cueva, donde pasó la noche. Y vino a él palabra de Jehová, el cual le dijo: ¿Qué haces aquí, Elías? (1R 19.9).

E sta vez traigo el testimonio de Andreia Lima[1].

Depresión familiar

El dolor del alma es un dolor que la mayoría de las veces solo es comprendido en su profundidad por quien lo ha vivido. Es un dolor que en muchos casos no logramos describir con palabras, sino solamente con lágrimas. Ese dolor aumenta cuando sentimos que somos incomprendidos. El analfabetismo emocional de quien sufre entorpece la comunicación, ya que muchas veces quien carga el dolor no fue educado a hablar de sus emociones, sino apenas a vivenciarlas y callarse. Por otro lado, esa misma inhabilidad es encontrada en quien cuida o convive con quien siente el dolor emocional. La persona no sabe qué hacer para ayudar y la mayoría de las veces en el intento de estancar el dolor del otro, asume una postura áspera e inadecuada, contribuyendo con eso, en la mayor parte de los casos, al aislamiento de quien tiene depresión.

---

[1] Andreia Lima es psicoanalista hace catorce años y pastora.

Mi primer contacto con la depresión fue cuando mi madre se separó de mi padre. Ese divorcio fue para ella como un golpe fatal que la llevó a renunciar a la vida y entrar en una depresión profunda. Para no sentir tanto dolor frente a tamaña decepción, mi madre se automedicaba — lo que es un error — con calmantes de uso controlado. Pasaba día y noche dopada queriendo dormir para olvidar el dolor. Cuando se levantaba, comenzaba a llorar nuevamente preguntando por qué aquello había sucedido, diciendo que no aceptaba aquella situación. Yo le ofrecía comida, pero la rechazaba por día enteros, perdiendo mucho peso. Entonces, agarraba más dosis o tres comprimidos, los tomaba y se volvía a dormir mojada en lágrimas y sollozos. Yo veía a mi madre desfilando delante de mí y me sentía tan impotente sin saber qué hacer o qué decir. Yo era solo una adolescente de quince años que también sufría con el abandono de mi padre del hogar y había quedado responsable por mi madre deprimida y por dos hermanos menores. Por días lloré escondida en las madrugadas, desesperada con la situación emocional y financiera de mi familia.

Con el paso del tiempo, las cosas en mi casa solo empeoraban. Mi madre, sin ningún tipo de asistencia, agravó su estado a una depresión severa — pues existen tres niveles de depresión diferenciados. Hoy no recuerdo cómo, pero ella fue internada en un hospital psiquiátrico. Me ocurrió que, en una de las visitas, al verla en aquel lugar junto a personas con los más diversos tipos de trastornos, comencé a interesarme en estudiar la mente y el fuerte deseo de ayudar a los que sufren con los males del alma. Recuerdo que salí de aquel lugar caminando y divagando con pensamientos distantes, llorando y sintiéndome un fracaso. Me dije que lucharía para sacar a mi madre de allí.

En aquel periodo, yo no percibí, pero también estaba con depresión. No tenía ánimo para nada. Cumplía las actividades domésticas, estudiaba y cuidaba de mis hermanos con mucho pesar y de manera automática. Ese tipo de depresión se llama distimia. Agradecía a Dios por llegar a la noche, momento en el que podía, en la oscuridad y soledad, llorar silenciosamente mojando toda mi cabecera hasta dormirme. Pensaba que las cosas no podían ser peores, pero luego descubrí, en aquel entonces, que mis dos hermanos, el primero con cerca de 7 años y el otro con 10, comenzaron a usar drogas. El mundo parecía haberse derrumbado en mi cabeza. Era demasiado para soportar. Ese día, lloré tanto que creí que no tenía cómo producir más lágrimas y me dormí.

En ese periodo, aun conociendo completamente lo que estaba viviendo, salí del cuadro depresivo con mucha dificultad, ocupando mi mente con el trabajo, ofreciéndome como voluntaria en algunas actividades y profundizando mi amistad con el Espíritu Santo a través de la oración.

Algunas semanas después, mi madre fue dada de alta, volvió a la casa y encontró un problema más que administrar: el vicio de sus hijos. Verlos en aquella situación sirvió para despertarla a la vida, pues existía algo por qué luchar y continuar viviendo. Ella se convirtió, por muchos años, en una mujer triste y resentida. Al conocer la Palabra de Dios, logró superar sus dolores emocionales y encontrar fuerzas y sentido para continuar viviendo. Continuó con su acompañamiento psiquiátrico y psicológico, que la ayudó bastante a superar las consecuencias de la depresión. Después de todos esos acontecimientos, me hice una persona más resiliente, dedicándome a los estudios y a ayudar a mi mamá y hermanos. El dolor hace parte del crecimiento personal. Decidí aprender a superar los obstáculos. Sé que hoy no sería quien soy si no hubiera pasado por lo que pasé. Adquirí inteligencia emocional y descubrí que dentro de mí existe una fuerza antes desconocida.

¿El cristiano puede tener depresión?

Samuel Logan Brengel fue un gran hombre de Dios que hizo parte del Ejército de Salvación. En el libro que escribió sobre él, Clarence W. W. Hall reporta sus palabras: "Mis nervios están destrozados, agotados, y me sobrevino una depresión y una tristeza que nunca había experimentado antes, aunque la depresión sea una vieja conocida mía"[2]. Estar deprimido no es necesariamente una señal de fallar espiritual. Negar la posibilidad que un siervo de Dios entre en depresión, además de ser antibíblico, añade a la persona enferma un fuerte sentido de culpa, agravando aún más más el problema. Decir a una persona deprimida que "no se debe sentir así" es un fracaso; o acusarla, diciendo que "quien de hecho es cristiano no puede sentirse así", es crueldad. Como algunos creen que no están sujetos a la enfermedad, no son capaces de entender a quien sufre. Muchos, en vez de ayudar, ponen una carga espiritual sobre el que sufre.

La depresión también está ligada a la personalidad y los conceptos emocionales adquiridos. Usted me puede preguntar: "¿Hoy no somos nuevas criaturas y las cosas viejas pasaron?" El hecho de que hayamos llegado a ser cristianos no significa que dejamos de convivir con nuestra forma de ser. No es mágico, sino un proceso. Así como Pablo, Pedro, Juan y tantos otros no llegaron a ser repentinamente otras personas, sino que fueron perfeccionados de gloria en gloria, también ocurre con nosotros.

Cada uno de nosotros es diferente, cada uno siente las cosas a su manera, cada uno tiene sus propias reacciones y hace sus interpretaciones de la vida de un modo personal. Aunque no podamos cambiar el temperamento, podemos permitir que sea controlado y moldeado por el Espíritu Santo. Las personas extremadamente introspectivas y sensibles son las que más enfrentan problemas de depresión.

"(…) no hay oposición entre la ciencia y la religión. Solo hay científicos atrasados que profesan ideas que datan de 1880" (Albert Einstein).

Cuando doy clases en seminarios teológicos y tengo la oportunidad de estar con varios pastores y futuros ministros, siempre hablo sobre la importancia de estudiar esa faceta de todo ser humano: el alma.

---

[2]HALL, Clarence W. W. *Samuel Logan Brengle: Portrait of a prophet* [Retrato de un profeta]. Pomona Press, 2007.

Muchos adquieren durante años mucho conocimiento teológico, pero salen analfabetos en lo que se refiere al alma, las emociones y los conflictos. Nuestro ejercicio pastoral nos pone diariamente a mediar conflictos de relaciones entre líderes, miembros, parejas, padres e hijos, etc. Todo el tiempo, nos llegan víctimas de abuso, violencia, personas llenas de traumas, pérdidas y lutos. Muchos ministros, frente a este cuadro de enfermos del alma, se encuentran también con sus heridas y problemas con los propios hijos y esposa, dentro de sus hogares.

En el caso de personas con depresión, aproximadamente dos tercios de ellas no hacen tratamiento. De los que buscan un tratamiento clínico general, solo el 50% son diagnosticados correctamente. De los que no se tratan, la mayoría intentarán suicidarse por lo menos una vez en la vida e infelizmente 17% de ellos logran quitarse la vida. Yo, así como varios otros profesionales de la salud mental, he encontrado dificultades en hacer que los cristianos portadores de la depresión acepten el diagnóstico y el tratamiento. Ese cuadro de resistencia es reforzado en los evangélicos debido a la equivocación de creer que la causa de esta enfermedad sea divina o proveniente de algún pecado o acción de demonios, resultado de la falta de fe. Los profesionales cristianos han intentado disminuir el escepticismo o "miopía" en esa relación entre depresión, religión y psiquiatría.

La depresión es una enfermedad y no sucede porque sí. Posee causas y propósitos que necesitan y deben ser investigados para que la enfermedad sea tratada de modo eficaz. La depresión es un sufrimiento del alma que va del estado leve al grave. Puede tener diferentes orígenes: espirituales, emocionales, genéticos, químicos o biológicos. El término "depresión" viene del latín y resulta de la combinación de dos palabras: *de* (para abajo) y *premere* (presionar). Se trata de un estado de ánimo bajo donde el sentido de vivir y de ver las cosas es suprimido.

Vivimos en una época en que la tristeza toma proporciones de epidemia. El enemigo de nuestra alma, al percibir esa fragilidad en las personas, saca provecho y utiliza varias estrategias. Satanás siempre quiere transformar la depresión emocional en una derrota espiritual

> para nosotros. como un rollo compresor, quiere aplastarnos al punto de reducirnos a polvo. El enemigo intenta derrotarnos a través de la duda y del desánimo. Muchas personas, en estas condiciones, llegan a pensar que ya no hay salida para ellas, que ese sufrimiento no tiene fin, y viven inundadas de lágrimas y sin ninguna esperanza. Nos corresponde a cada uno de nosotros mirarnos con misericordia y socorrer a aquellas personas con brazos de amor.

Depresión después del luto

Yo ya era una mujer adulta, profesional del área de la salud y pastora. De forma rápida y repentina perdí a mi padre. Fue un golpe muy duro y esta vez entré en mi cuarto y pasé días sin querer ver la luz del día ni alimentarme. Así pasaron algunos meses y, un día, decidí vivir. Pensé que mi padre no desearía verme así, él amaba la vida y me amaba. Yo me levanté, me cambié la ropa y fui sola al psiquiatra. Yo sabía que estaba enferma y que necesitaba ayuda para reaccionar, por eso le solicité ayuda médica. Hice un tratamiento por seis meses y después de eso seguí mi vida. Me puse el objetivo de dedicarme a mi sueño de ser madre y así seguí hacia delante. Vencí la depresión con fe y tratamiento, y mi recuperación fue más rápida que la primera vez.

Depresión después de la pérdida de un hijo

Por catorce años luche con la infertilidad, que veía como una montaña impetuosa entre mi gran sueño y yo. Fueron años de tratamientos intensos tratando de quedar embarazada y pasando por muchas frustraciones. Debido a los medicamentos hormonales, desarrollé obesidad, lo que dificultaba aún más la gestación. En fin, a través de inseminación artificial, conseguí quedar embarazada de mi amado hijo Benjamín. Finalmente, estaba gestando, toda la familia y amigos celebraban con nosotros.

Cuando estaba en el sexto mes, con mucha salud y plenamente feliz organizando mi *baby shower* para el mes siguiente, lo inesperado sucedió. Con solo 24 semanas, entré en trabajo de parto debido a una insuficiencia istmicocervical (o insuficiencia del cuello uterino), que quiere decir que mi cuello es más delgado o corto que lo normal. Al llegar a emergencias, el procedimiento sería hacer una cirugía llamada cerclaje. Sin embargo, no había más tiempo. Yo había entrado en trabajo de parto y no lo sabía. Fueron momentos de mucha tensión, miedo y sorpresa. Mi esposo y yo no estábamos entendiendo nada. Tuvo a Benjamín de parto normal. Él nació muy pequeño, con menos de dos kilos, y fue directo a la UCI, mientras yo permanecía en posición de parto por más de dos horas para expulsar la placenta. La doctora que me atendió dijo que salió de aquella sala con los dedos adormecidos de tanto arrancar pedazos de placenta para que yo no tuviera un cuadro grave de infección y falleciera.

Descubrí, en seguida, que mi hijo y yo habíamos contraído una bacteria. Ahora ambos luchábamos por la vida. El sueño se había convertido en pesadilla.

Pasados cuatro días de lucha, mi Ben, después de varios paros cardiacos, fue a los brazos del Padre. Al día siguiente, en su entierro, mi esposo y un amigo nuestro fueron al cementerio y yo entraba en la sala de cirugía para retirarme los pedazos de placenta que habían quedado en mi interior. La lucha por mi vida continuaba. Gracias a Dios todo salió bien conmigo. Después de algunos días de fuertes medicación, la bacteria fue exterminada y entonces pude volver a casa. Salí de aquel lugar devastada. Veía a las madres salir con sus bebés en el regazo y yo con los brazos vacíos.

En casa, no podía entrar en el cuarto de Benjamín. Me sumergí en una depresión profunda, como nunca. Ya no veía sentido ni propósito en la vida. Después de algunos días conversando en la cocina de mi casa con mi esposo y un amigo, ellos me motivaron a pensar qué hacer con ese dolor. Yo sinceramente no imaginaba qué hacer ni quería reflexionar al respecto. Pensé sinceramente que esa vez no lograría vencer el dolor.

Sin embargo, diferente a las otras veces, decidí que hospedaría ese dolor por mucho tiempo en mí. Ya conocía el camino hacia fuera del laberinto y quería realmente salir de allí. Tomé algunas decisiones: cerré por tiempo indeterminado mi consultorio y comuniqué a mi iglesia, en un culto, que por tiempo indeterminado estaría apartada de las actividades ministeriales; estar agradecida por el don de la vida una vez que superara ese drama; mi hijo no podía vivir, pero yo tenía un chance más.

Vencida la depresión, nació el entrenamiento de la inteligencia emocional de mi libro *Psicomorfosis*. Su objetivo es ayudar a las personas a superar sus dolores emocionales, romper los bloqueos debido a los traumas vividos y desprenderse de todo luto y culpa, además de enseñarles a administrar el dolor de la mejor manera posible y extraer lo mejor de sus dolores, para que sean capaces, a su vez, de ayudar al prójimo con sus experiencias.

El milagro en el camino de quien quiere vivir

Después de esa decisión, creo que dos semanas después, lo improbable sucedió: conocí a mi hijo Juan Lucas con casi un mes de vida. Para la medicina, no había medios de quedar embarazada nuevamente. Yo solo tenía una trompa y la otra estaba comprometida. Cuando nos abrimos a la sanidad, lo inesperado surge. Dios me dio el placer de ser madre. Más fuerte aun con mi hijo en los brazos, seguí mi misión. Después de dos años de luto, feliz de la vida, descubrí que estaba embarazada de mi hija Pérola. Cuando no nos enfocamos en el dolor, el milagro viene. Entonces, puedo decir que la depresión puede ser vencida; historias nuevas pueden ser escritas.

Resignificando el dolor

Hoy decidí hablar sobre ese dolor porque no lo conozco solo a través de la literatura académica o relatos de mis pacientes. Yo vi ese dolor en quien más amaba y lo sentí en mi propia piel. Por tanto, sé lo que mis pacientes sienten, aun cuando ellos no consigan expresarlo o describirlo. Puedo ser empática y, así como hice con mi madre para verla libre de aquel dolor, hago con mis pacientes. Asumo el compromiso de, juntamente con ellos, buscar la solución para dar fin a ese sufrimiento. Esa fue mi misión como hija y es mi misión de vida como profesional: arrancar el dolor del otro.

ANDREIA LIMA

Conocí a la doctora Andreia Lima aproximadamente seis meses después de haber enterrado a mi hijo Matheus. Su libro *Depresión: Cómo sanar el dolor del alma* fue una herramienta poderosa que Dios usó en mi proceso de superación del luto. Tomé cuidado de adaptar ese trecho para que usted, querida lectora, sea capaz de interesarse por ese asunto y sumergirse más a fondo en dirección a su propia curación. Nadie mejor que alguien que haya vencido y superado ciertos dolores para enseñarnos con autoridad el camino de la sanidad.

¡Qué Dios maravilloso tenemos! Él es el Padre de nuestro Señor Jesucristo, Padre de toda misericordia y Dios de toda consolación. Él es quien tan maravillosamente nos conforma y nos fortalece en las dificultades y pruebas, para que, cuando los otros estén afligidos, necesitados de nuestra compasión y de nuestro estímulo, podamos transmitirles ese mismo consuelo que Dios nos dio (1Cor 1.3-4).

La Dra. Andreia sobrevivió a muchas tempestades emocionales. Divorcio de los padres, depresión de la mamá, hermanos en las drogas, luto por la muerte del papá, pérdida de un hijo, a parte de de las situaciones que ella compartió con nosotros. ella es alguien que sabe pasar por encima de los escombros de las adversidades con la valentía de una verdadera guerrera. Quien la conoce sabe que ella no solo sobrevive, sino que también vive la vida abundante que Jesús conquistó en la cruz.

Busqué compartir prácticamente su historia completa porque, además de terapeuta competente desde hace más de una década, la doctora Andreia ha estado del otro lado, el lado del paciente, y sabe exactamente qué es el dolor y la depresión, ese mal que ha causado la muerte de tantas personas en nuestro tiempo. En el auge de mi dolor, recuerdo que oraba a Dios para que alguna madre sobreviviente del luto por la muerte de un hijo cruzara mi camino y me contara su camino de superación, para que yo siguiera sus pasos. El dolor era tan insoportable que yo solo quería que alguien me dijera que iba a pasar. Infelizmente fui abordada algunas veces por quienes me dijeron que jamás lo superaría.

Confieso que quedé asustada con historias que oí de madres que se habían despedido de sus hijos hacía diez, incluso veinte años, y actuaban como si hubiera sido hacía dos meses, al punto de no deshacerse de sus pertenencias. Una de ellas no permitía que nadie limpiara el cuarto de su hijo muerto. De ellas yo estaba obligada a huir. Conocedora de mis límites, yo sabía que no podría soportar mi dolor y el de ellas. Entonces me protegía y sabiamente las esquivaba. Aprendí que hay tiempo para todo, y aquel no era tiempo de asumir el dolor de nadie. Yo necesitaba superar el mío.

El libro de la doctora Andreia llegó a mi vida en ese momento oportuno. Pude ver en sus ojos la alegría de quien sufrió, pero lo superó y siguió. Eso es dar un nuevo significado al propio dolor. Yo decidí que era eso lo que deseaba en mi historia.

> *Cada palabra de ánimo que yo lanzaba era el mismo Dios levantándome para proclamar las verdades que también valían para mí. Era un pequeño asunto de sobrevivencia.*

Yo había tomado la decisión de no cerrar la agenda por tanto tiempo, sino seguir hacia delante, andando, llorando y arrojando la buena semilla. Creo con convicción que el primero en recibir el impacto de la profecía es el profeta y, bajo esa certeza, yo seguía profetizando sobre mí misma. Cada palabra de ánimo que yo lanzaba era el mismo Dios levantándome para proclamar las verdades que también valían para mí. Era un pequeño asunto de sobrevivencia.

Ya dije y repito que, por más avanzada que sea la psicología moderna, nadie puede establecer un manual único para el luto. Cada uno tiene una historia y una manera peculiar de enfrentar los dolores personales. Además, existe el propio Espíritu Santo que se encarga de direccionarnos por el mejor camino para que sea sanidad sea eficaz. Dios usa gente para sanar a la gente. Él puede usar pastores o profesionales de la salud. Muchas veces, usa amigos. Si quiere, usa incluso enemigos, pero siempre usa a alguien. Por encima de todo, él respeta nuestra manera de sufrir. Dios no va a obligarnos a obedecer su camino de superación. La Biblia es un manual repleto de atajos y ventanas de escape para quien quiera la sanidad, pero la decisión es nuestra.

> *Dios no va a obligarnos a obedecer su camino de superación.*

La historia del profeta Elías es un ejemplo muy transparente de un momento en el cual la fe recibe un puñetazo de la tristeza. La depresión, que también se caracteriza por el predominio de la tristeza, casi ganó la pelea contra ese hombre de Dios. Poco antes de demostrar sus síntomas, Elías había sido el protagonista de una batalla triunfante contra la perversa reina Jezabel y sus falsos profetas aliados de Satanás. El capítulo 18 del Primer Libro de los Reyes relata de forma detallada uno de los momentos más marcantes de la vida y del ministerio de Elías en la faz de la tierra. Vamos a leerlo en la versión de la editorial Hagnos (NVB)[3]. Quiero invitarla, querida amiga, a adquirir el hábito de leer y meditar en la Biblia Sagrada, creyendo en ella como nuestro manual de fe y práctica. Todo lo que la ciencia defiende hoy ya está en la Biblia hace siglos. Qué bendición que estemos vivas en un tiempo en el cual la ciencia cada vez más prueba que la Biblia estaba en lo correcto, ¿verdad?

Quédese conmigo en este próximo capítulo y acompañe la historia de ese hombre de Dios que casi fue vencido por la depresión. Así como él venció, nosotras también podemos vencer.

---

[3] Nota del traductor: En ausencia de una versión equivalente en español, el texto será reproducido en la versión usada a lo largo de todo el libro, Reina Valera 1960 (RVR60).

Capítulo doce

Habla conmigo

*E*ntonces Abdías fue a encontrarse con Acab, y le dio el aviso; y Acab vino a encontrarse con Elías. Cuando Acab vio a Elías, le dijo: ¿Eres tú el que turbas a Israel? Y él respondió: Yo no he turbado a Israel, sino tú y la casa de tu padre, dejando los mandamientos de Jehová, y siguiendo a los baales. Envía, pues, ahora y congrégame a todo Israel en el monte Carmelo, y los cuatrocientos cincuenta profetas de Baal, y los cuatrocientos profetas de Asera, que comen de la mesa de Jezabel. Entonces Acab convocó a todos los hijos de Israel, y reunió a los profetas en el monte Carmelo. Y acercándose Elías a todo el pueblo, dijo: ¿Hasta cuándo claudicaréis vosotros entre dos pensamientos? Si Jehová es Dios, seguidle; y si Baal, id en pos de él. Y el pueblo no respondió palabra. Y Elías volvió a decir al pueblo: Sólo yo he quedado profeta de Jehová; más de los profetas de Baal hay cuatrocientos cincuenta hombres. Dénsenos, pues, dos bueyes, y escojan ellos uno, y córtenlo en pedazos, y pónganlo sobre leña, pero no pongan fuego debajo; y yo prepararé el otro buey, y lo pondré sobre leña, y ningún fuego pondré debajo. Invocad luego vosotros el nombre de vuestros dioses, y yo invocaré el nombre de Jehová; y el Dios que respondiere por medio de fuego, ése sea Dios. Y todo el pueblo respondió, diciendo: Bien dicho. Entonces Elías dijo a los profetas de Baal: Escogeos un buey, y preparadlo vosotros primero, pues que sois los más; e invocad el nombre de vuestros dioses, mas no pongáis fuego debajo. Y ellos tomaron el buey que les fue dado y lo prepararon, e invocaron el nombre de Baal desde la mañana hasta el mediodía, diciendo: ¡Baal, respóndenos!

Pero no había voz, ni quien respondiese; entre tanto, ellos andaban saltando cerca del altar que habían hecho. Y aconteció al mediodía, que Elías se burlaba de ellos, diciendo: Gritad en alta voz, porque dios es; quizá está meditando, o tiene algún trabajo, o va de camino; tal vez duerme, y hay que despertarle. Y ellos clamaban a grandes voces, y se sajaban con cuchillos y con lancetas conforme a su costumbre, hasta chorrear la sangre sobre ellos. Pasó el mediodía, y ellos siguieron gritando frenéticamente hasta la hora de ofrecerse el sacrificio, pero no hubo ninguna voz, ni quien respondiese ni escuchase. Entonces dijo Elías a todo el pueblo: Acercaos a mí. Y todo el pueblo se le acercó; y él arregló el altar de Jehová que estaba arruinado. Y tomando Elías doce piedras, conforme al número de las tribus de los hijos de Jacob, al cual había sido dada palabra de Jehová diciendo, Israel será tu nombre, edificó con las piedras un altar en el nombre de Jehová; después hizo una zanja alrededor del altar, en que cupieran dos medidas de grano. Preparó luego la leña, y cortó el buey en pedazos, y lo puso sobre la leña. Y dijo: Llenad cuatro cántaros de agua, y derramadla sobre el holocausto y sobre la leña. Y dijo: Hacedlo otra vez; y otra vez lo hicieron. Dijo aún: Hacedlo la tercera vez; y lo hicieron la tercera vez, de manera que el agua corría alrededor del altar, y también se había llenado de agua la zanja. Cuando llegó la hora de ofrecerse el holocausto, se acercó el profeta Elías y dijo: Jehová Dios de Abraham, de Isaac y de Israel, sea hoy manifiesto que tú eres Dios en Israel, y que yo soy tu siervo, y que por mandato tuyo he hecho todas estas cosas. Respóndeme, Jehová, respóndeme, para que conozca este pueblo que tú, oh Jehová, eres el Dios, y que tú vuelves a ti el corazón de ellos. Entonces cayó fuego de Jehová, y consumió el holocausto, la leña, las piedras y el polvo, y aun lamió el agua que estaba en la zanja. Viéndolo todo el pueblo, se postraron y dijeron: ¡Jehová es el Dios, Jehová es el Dios! Entonces Elías les dijo: Prended a los profetas de Baal, para que no escape ninguno. Y ellos los prendieron; y los llevó Elías al arroyo de Cisón, y allí los degolló. Entonces Elías dijo a Acab: Sube, come y bebe; porque una lluvia grande se oye. Acab subió a comer y a beber. Y Elías subió a la cumbre del Carmelo, y postrándose en tierra, puso su rostro entre las rodillas. Y dijo a su criado: Sube ahora, y mira hacia el mar. Y él subió, y miró, y dijo: No hay nada. Y él le volvió a decir: Vuelve siete veces. A la séptima vez dijo: Yo veo una pequeña nube como la palma de la mano de un hombre, que sube del mar. Y él dijo: Ve, y di a Acab: Unce tu carro y desciende, para que la lluvia no te ataje. Y aconteció, estando en esto, que los cielos se oscurecieron con nubes y viento, y hubo una gran lluvia. Y subiendo Acab, vino a Jezreel. Y la mano de Jehová estuvo sobre Elías, el cual ciñó sus lomos, y corrió delante de Acab hasta llegar a Jezreel. (1R 18.16-46).

Israel estaba enfrentando una de sus peores crisis morales y espirituales. Acab, hijo de Omri, que había sido uno de los peores reyes de Isael, se había casado con una sacerdotisa de Baal, hija del rey Et-baal, una mujer perversa, manipuladora y cruel. Ella fue responsable por muchas atrocidades en Israel, consiguiendo arrastrar al omiso rey Acab hacia su lado, en vez de ser atraída por su esposo hacia el verdadero Dios.

Acab llegó a ser un gran líder político e hizo alianzas con reinos poderosos, pero fue un fracaso en su reinado y en su casa. Él no solamente transigió con los altares paganos de Jezabel, sino que también los patrocinó.

Y reinó Acab hijo de Omri sobre Israel en Samaria veintidós años. Y Acab hijo de Omri hizo lo malo ante los ojos de Jehová, más que todos los que reinaron antes de él. Porque le fue ligera cosa andar en los pecados de Jeroboam hijo de Nabat, y tomó por mujer a Jezabel, hija de Et-baal rey de los sidonios, y fue y sirvió a Baal, y lo adoró. E hizo altar a Baal, en el templo de Baal que él edificó en Samaria. Hizo también Acab una imagen de Asera, haciendo así Acab más que todos los reyes de Israel que reinaron antes que él, para provocar la ira de Jehová Dios de Israel (1R 16.30-33).

En ese contexto surge Elías, un profeta muy osado. Él no medía las palabras para dirigirse al rey. En verdad, mostró a qué había venido cuando profetizó un tiempo de sequía en Israel, como resultado del juicio de Dios sobre la nación.

Entonces Elías tisbita, que era de los moradores de Galaad, dijo a Acab: Vive Jehová Dios de Israel, en cuya presencia estoy, que no habrá lluvia ni rocío en estos años, sino por mi palabra (1R 17.1).

Después de un cierto tiempo, más precisamente tres años después, Dios mandó que Elías volviera al rey y le avisara que iba a llover.

Pasados muchos días, vino palabra de Jehová a Elías en el tercer año, diciendo: Ve, muéstrate a Acab, y yo haré llover sobre la faz de la tierra (1R 18.1).

Elías obedeció a Dios. Mientras tanto, Samaria, que había sido construida por el rey Omri, padre de Acab, y había llegado a ser la capital de Israel, pasaba por un periodo de mucha hambre, como consecuencia de la sequía. El hecho es que, después que Dios usó a Elías para enviar el mensaje sobre la total escasez de lluvia sobre la tierra, ordenó al profeta que saliera de la escena.

Apártate de aquí, y vuélvete al oriente, y escóndete en el arroyo de Querit, que está frente al Jordán. Beberás del arroyo; y yo he mandado a los cuervos que te den allí de comer. Y él fue e hizo conforme a la palabra de Jehová; pues se fue y vivió junto al arroyo de Querit, que está frente al Jordán. Y los cuervos le traían pan y carne por la mañana, y pan y carne por la tarde; y bebía del arroyo (1R 17.3-6).

El arroyo se secó, por la falta de lluvia. Entonces, Dios mandó que Elías se refugiara en Sarepta, en la casa de una viuda. Cuando él llegó a la puerta de la cuidad, vio a la mujer recolectando leña y le pidió un vaso de agua. Hasta aquí todo iba bien. Sin embargo, mientras ella iba a buscar agua, Elías le pidió también un pedazo de pan. Muy constreñida, ella juró que todo lo que tenía era un poco de harina que había sobrado en un jarro y un poco de aceite en un frasco. Le explicó al profeta que aquella leña era para la última comida que haría con su hijo, para después esperar a morir. Elías respondió: "No tengas temor; ve, haz como has dicho; pero hazme a mí primero de ello una pequeña torta cocida debajo de la ceniza, y tráemela". Entonces el profeta le dijo:

Porque Jehová Dios de Israel ha dicho así: La harina de la tinaja no escaseará, ni el aceite de la vasija disminuirá, hasta el día en que Jehová haga llover sobre la faz de la tierra (1R 17.14).

Elías obedeció a Dios, y sucedió exactamente como Dios había dicho por la boca del profeta. Aquel fue un lugar de refugio para Elías, al mismo tiempo que la viuda y su hijo fueron perdonados por causa de su obediencia a la Palabra del Señor en producir vida dentro de su casa, aun cuando todo a su alrededor estaba muerto. Ayudar a otros en medio de dolor propio, como hizo aquella viuda, demuestra que logramos ver un mundo más allá de nuestro propio dolor.

Aquella mujer estaba a la espera de su muerte y, lo que era mucho peor, a la espera de la muerte de su hijo. No sé cuál de las dos era la peor crisis que envolvía sus pensamientos: el hambre, la miseria, la posibilidad de ver a su hijo morir de hambre delante suyo, o ella misma muerta y dejar a su hijo atrás viendo todo. Creo que todas esas situaciones la rodeaban día tras días cuando de repente apareció delante suyo el profeta Elías. Al principio, parecía solo una boca más para dividir el poco alimento que había. Pero, en verdad, era el mismo Dios dando a ella la posibilidad de ser bendecida. Más que todo eso, Dios le estaba presentando a aquella mujer el hombre que oraría por su hijo muerto. Ella no imaginaba lo que estaba por venir.

Este pasaje inspiró una de mis canciones, durante un mensaje predicado por Silas Malafaia, mi pastor.

> *Casa es lugar de vida*
> *Casa es lugar de paz*
> *Em mi casa, en mi vida*
> *Para siempre reinarás*
> *Casa es lugar de sanidad*
> *Casa es lugar de amor*
> *Venga tu reino sobre mi casa, oh Señor*
> *Para siempre reinarás*
> *Para siempre reinarás*
> *Y mi casa está autorizada a prosperar.*

EYSHILA, *Lugar de vida*[1]

---

[1]Editorial Central Gospel.

Por más que ellos comían, siempre había harina en la jarra. Ellos se saciaron de alimento. ¡Qué tiempo de milagro en aquella casa! Hasta que un día lo indeseado sucedió. El hijo de la mujer enfermó y murió. El primer impulso que ella tuvo fue pensar que eso tenía algo que ver con sus pecados del pasado. La culpa, como ya dije, nunca da tregua en una hora de dolor; es implacable con aquellos que sufren. Elías tomó al niño, subió al cuarto donde estaba hospedado en el piso de arriba y lo puso en su cama.

> *Y clamando a Jehová, dijo: Jehová Dios mío, ¿aun a la viuda en cuya casa estoy hospedado has afligido, haciéndole morir su hijo? Y se tendió sobre el niño tres veces, y clamó a Jehová y dijo: Jehová Dios mío, te ruego que hagas volver el alma de este niño a él. Y Jehová oyó la voz de Elías, y el alma del niño volvió a él, y revivió. Tomando luego Elías al niño, lo trajo del aposento a la casa, y lo dio a su madre, y le dijo Elías: Mira, tu hijo vive* (1R 17.20-23).

Otro milagro sucedió. No un milagro cualquiera, ¡sino el milagro de la resurrección!

Elías, que la Biblia llama tisbita, refiriéndose a la ciudad donde nació, Tisbe, en Galaad, era un hombre de fe, con una profunda relación con Dios. En la historia que acabamos de leer, vimos su participación directa en muchos milagros y maravillas. Él profetizó que la lluvia cesaría, y cesó. Él dijo que la comida en la casa de la viuda no se acabaría, y no se acabó. Él oró por la resurrección del hijo de la viuda, y resucitó. Él oró para que Dios mandara fuego del cielo sobre el altar, y el fuego cayó. Él enfrentó a los profetas de Baal y los mató públicamente. Después avisó que la lluvia estaba en camino, aun estando bajo un cielo totalmente despejado, con apenas una pequeña nube del tamaño de la mano de un hombre, y vino una tempestad. ¡Él encaró tantas adversidades!" Fue bravío, guerrero y sin temor en toda su trayectoria. Hasta que un día un gatillo emocional fue presionado y Elías se rindió al peor de todos los dolores del alma: la depresión.

> *Acab dio a Jezabel la nueva de todo lo que Elías había hecho, y de cómo había matado a espada a todos los profetas. Entonces envió Jezabel a Elías un mensajero, diciendo: Así me hagan los dioses, y aun me añadan, si mañana a*

estas horas yo no he puesto tu persona como la de uno de ellos. Viendo, pues, el peligro, se levantó y se fue para salvar su vida, y vino a Beerseba, que está en Judá, y dejó allí a su criado. Y él se fue por el desierto un día de camino, y vino y se sentó debajo de un enebro; y deseando morirse, dijo: Basta ya, oh Jehová, quítame la vida, pues no soy yo mejor que mis padres (1R 19.1-4).

El Espíritu Santo podía haber dejado solamente el registro del tiempo glorioso del ministerio profético de Elías, pero no lo hizo. Su historia está allí, completa, para que podamos comprender que no solo hoy pastores, profetas, hombres y mujeres de Dios, pueden ser atacados en sus emociones, por más consagrados que sean y por más autoridad que posean en el mundo espiritual. Las enfermedades emocionales no siempre están relacionadas con problemas espirituales, pero al diablo le gusta utilizar fragilidades emocionales para producir estragos en nuestra vida espiritual. En esta vida prácticamente es imposible vivir libres de persecuciones, tristezas y frustraciones. Lo que va a determinar cuán lejos lleguemos en esta carrera, además de la voluntad de Dios, son nuestras elecciones y decisiones personales. Dios es soberano para decidir lo que quiera, de la forma como lo desea. Eso es incuestionable. Sin embargo, en su total y absoluta soberanía, también permite que participemos de sus planes eternos con nuestras decisiones. La opción por la vida es una decisión innegociable para que podamos continuar contribuyendo con los propósitos divinos mientras habitamos en este templo que se llama cuerpo.

La vida es un don de Dios, y nuestro papel debe ser alinearnos con él en la misión de hacerla completa y abundante.

El ladrón no viene sino para hurtar y matar y destruir; yo he venido para que tengan vida, y para que la tengan en abundancia (Jn 10.10).

Dios tenía una vida completa para Elías, que incluía su propio arrebatamiento. La Biblia solo menciona dos veces en que alguien fue arrebatado por Dios sin pasar por la muerte: Elías y Enoc.

Caminó, pues, Enoc con Dios, y desapareció, porque le llevó Dios (Gn 5.24).

Posteriormente, Dios también arrebataría al profeta Elías, pero todavía no había llegado el momento de cerrar su carrera aquí en la tierra. Cada vez que deseamos algo en la tierra que no combina con lo que está decretado en el cielo, sufrimos. Siendo así, el sufrimiento también puede ser definido como la frustración generada por una voluntad que no está en conformidad con aquella que Dios escogió para nosotros. Si tenemos una certeza en esta vida, es la de que moriremos, pero ni siquiera por eso podemos anticipar ese momento por causa de nuestros sentimientos.

No solamente hay conflicto cuando queremos algo que Dios no quiere, sino también cuando lo queremos en el tiempo equivocado. Esa aflicción nos conduce a nuestros peores desiertos existenciales. Desear la muerte anticipadamente es lo mismo que decir a Dios que su opinión sobre nuestro tiempo de vida no es tan importante.

> *No solamente hay conflicto cuando queremos algo que Dios no quiere, sino también cuando lo queremos en el tiempo equivocado.*

Mi embrión vio tus ojos, Y en tu libro estaban escritas todas aquellas cosas Que fueron luego formadas, Sin faltar una de ellas (Sal 139.16).

Elías, el hombre de Dios valiente y sin temor, aquel que había encarado a uno de los peores reyes de Israel y sus profetas paganos, ahora huye con miedo para salvar su vida. Sin embargo, cuando llega al desierto, descubre que la depresión es algo tan conflictivo que, por más sobrio que un ser humano esté, se contradice en su manera de huir del propio dolor. Tomado por el pavor de morir por la mano de Jezabel, Elías se sienta debajo de un arbusto de enebro y dice: "Basta ya, oh Jehová, quítame la vida, pues no soy yo mejor que mis padres".

Sinceramente no sé lo que llevó a Elías a hacer tal comparación con sus padres en aquel momento de crisis. Sin embargo, quien ha pasado por terapia conoce la importancia de mirar eventualmente hacia nuestro pasado, sumergiéndose en las experiencias antiguas, especialmente las dolorosas y no resueltas, con el propósito de encontrar sanidad y liberación para las crisis de nuestro presente y fuerzas para encarar el futuro. Nuestro inconsciente es una caja de sorpresas, que en la medida en que son investigadas y reveladas, pueden traer curación para nuestras crisis emocionales.

Yo, particularmente, no me senté debajo de un arbusto de enebro, sino en el suelo, al pie de mi cama, y pedí a Dios que me levantara. ¡Cómo pedí! Yo pregunté: "Señor, ¿qué había en tus planes cuando permitiste que yo concibiera un hijo para después enterrarlo? ¿Quién pecó en mi casa para que eso sucediera? Dios, yo no tengo fuerzas para convivir con ese dolor".

Durante aquellos días, Dios usó a la doctora Silvana Pérez, pastora y psicóloga altamente capacitada, que ya cuidaba de nuestra familia hacía algún tiempo y también estaba con nosotros en todo el proceso que enfrentamos con nuestro hijo en el hospital. Ella venía a casa, entrábamos en el cuarto y ella me empujaba a hablar, hablar y llorar, hasta no quedar lágrimas. Recuerdo oírla decir una vez: "Eyshila, usted va a superar ese dolor. ¿Sabe por qué? Porque yo puedo ver que usted quiere, y querer hace toda la diferencia".

Porque Dios es el que en vosotros produce así el querer como el hacer, por su buena voluntad (Fil 2.13).

En mi entendimiento limitado sobre lo que había sucedido con nosotros cuando Matheus partió, todavía había una seguridad en mí: que Dios me había dejado viva por un propósito mayor que yo misma. Odilon, Lucas y yo teníamos un motivo parar estar aquí de este lado de la eternidad a pesar de aquella separación tan brusca que habíamos sufrido de nuestro amado Matheus. Esa certeza generaba en mí el deseo por la vida, un deseo que iba mucho más allá de mi propia voluntad de vivir, que no existía en aquel tiempo. Todos los días yo me trancaba en mi closet, en mi armario, mi caverna personal, y lloraba con el rostro en el suelo, horas continuas, en el regazo de Dios, deseando un vislumbre del cielo. Yo solo quería que su presencia llenara aquel lugar de una forma tan gloriosa que yo me pudiera levantar de aquel suelo y vencer un día más. Cada día que yo lograba vencer era un paso más en oposición a la muerte. Era como si yo estuviera tomando distancia del cementerio y de todos aquellos recuerdos terribles que aquella despedida me causaba. Creo que ese sentimiento retrata el dolor de muchas lectoras que vivieron recientemente o hace muchos años el mismo dolor que yo.

En la época de Elías no había remedios de cinta negra. No había calmantes, psicólogos ni psiquiatras. Siendo así, su organismo produjo un mecanismo de defensa muy peculiar de las personas en depresión: sueño, mucho sueño. Sueño en exceso, así como fatiga diurna, pueden ser síntomas de depresión. De acuerdo con los especialistas, dormir demasiado sería una forma de "huir" de los problemas o de la tristeza permanente. De acuerdo con un artículo publicado en la *Revista de Psiquiatría Clínica* de la Universidad de São Paulo (USP), aproximadamente 80% de los pacientes depresivos presentan quejas relacionadas con la falta del sueño. En este caso, el insomnio es considerado un importante indicador del aumento del riesgo de la depresión. Por otro lado, una investigación hecha por los médicos Sarah Lahmi Chellapp y John Fontenele Araújo, publicada en la *Revista de la USP*, revela también que cerca del 10% al 20% de los pacientes depresivos presentan quejas de somnolencia excesiva, con aumento del sueño en el periodo nocturno y fatiga diurna. En mi parecer, Elías encuadra en este perfil de 10% al 20% de pacientes que encontraron en el sueño una manera de huir de su realidad.

> *Entonces él miró, y he aquí a su cabecera una torta cocida sobre las ascuas, y una vasija de agua; y comió y bebió, y volvió a dormirse. Y volviendo el ángel de Jehová la segunda vez, lo tocó, diciendo: Levántate y come, porque largo camino te resta. Se levantó, pues, y comió y bebió; y fortalecido con aquella*

comida caminó cuarenta días y cuarenta noches hasta Horeb, el monte de Dios (1R 19.6-8).

Diferente de Elías, mi problema inicial después de la partida de mi hijo fue justamente la falta de sueño. Mis horarios intercambiados en el hospital, volviendo a casa solo a dormir unas horas y atender a mi esposo, mi hermana, primas, amigas y cuñadas que siempre estaban con nosotros velando, me dejaron con el horario bien desordenado. Necesité de ayuda médica para superar aquel tiempo y volver a dormir tranquilamente. Hablo de eso sin el menor problema. Tomar remedios para dormir, siempre que sea recetado por el médico, no es pecado y puede ser una forma de traer equilibrio emocional en medio de grandes pérdidas, evitando problemas mayores.

Elías, por su parte, encontró en el sueño su huida, tal vez en el intento de morir durmiendo. Sin embargo, al contrario de permitir que él se levantara en la eternidad, Dios envía un pedazo desde la eternidad a Elías. Un ángel desde el cielo y le prepara una comida. ¿Ha pensado en cuántos ángeles de Dios se han levantado para cuidarla en medio de sus dolores? El problema es cuando ignoramos a los ángeles que Dios manda. Fue lo que Elías hizo. Él comió, bebió, pero la tristeza era tanta que se acostó otra vez. Entonces el ángel lo llamó de nuevo e insistió para que se levantara, comiera y bebiera, usando el siguiente argumento: "Levántate y come, porque largo camino te resta".

El tratamiento que Dios dio a Elías fue simple: carbohidrato y agua. Medicina, pura y sin mezcla. Con aquel remedio natural del cielo, Elías caminó cuarenta días y cuarenta noches. Ejercicio físico, otra herramienta poderosa contra la depresión. Somos cuerpo, alma y espíritu. Todo en nosotros se complementa. No podemos cuidar de una parte de nuestro ser y abandonar las otras. Nuestro espíritu es la parte que se comunica con Dios, nuestra alma es la parte unida a nuestro intelecto, y nuestro cuerpo es la casa donde el espíritu habita hasta el día en que vaya a Dios, quien lo formó. Somos un espíritu que tiene un alma y habita en un cuerpo. Ese caparazón un día va a envejecer, va a dejar de funcionar y el espíritu va a volver a la eternidad. Mientras ese día llega, tenemos la misión gloriosa de amar la vida y celar por ella, aun frente a las peores tragedias que nos traiga.

Después de caminar aquellos cuarenta días y cuarenta noches, Elías encontró una cueva. ¡Qué depresión insistente! ¡Qué dolor recurrente! Él había comido el pan del cielo y bebido el agua que el ángel le depositó en la jarra, pero aún así, en la primera oportunidad que tuvo, encontró otro lugar para morir: una cueva. Una cueva no es para vivos. Lázaro estaba enterrado en una cueva cuando Jesús lo llamó afuera. Jesús, después de muerto, tuvo su cuerpo depositado en una cueva, donde ya no está, porque resucitó. Elías quería morir, entonces buscó un sepulcro, y habría dormido allá hasta su muerte, si fuera por la intervención del propio Dios, que, muchos siglos antes que la psicología fuera reconocida como ciencia, se posicionó como psicólogo a favor de su siervo. Esta vez no le ofreció pan, agua o ejercicio físico, sino sus oídos. Dios inicia con Elías, el depresivo, un diálogo dentro de los mismos parámetros usados por la psicología: la terapia de la palabra.

La primera persona en ser tratada por la terapia de la palabra se llamaba Bertha Pappenheim, más conocida como Anna O. Por ese nombre era que los médicos Josef Breuer y Sigmund Freud la llamaban. Anna sufría de alucinaciones histéricas y sonambulismo, además de reusarse a beber agua. Un bello día, después de haber desahogado enérgicamente la rabia dentro de sí, Anna pidió beber agua, y bebió una gran cantidad. Con eso, el disturbio desapareció para siempre. Eso está registrado en el libro *Estudios sobre la histeria*[2], de 1895. El episodio de Anna O. hizo que Freud tuviera una idea "genial": expresar en voz alta pensamientos opresores y recuperar recuerdos traumáticos causan efectos benéficos al cuerpo.

Recuerde, sin embargo, que en aquella época las personas consideraban que el cuerpo y el alma (pensamiento y sentimiento) eran elementos que se oponían, o sea, no se comunicaban. Las enfermedades

---

[2] BREUER, Joseph e FREUD, Sigmund. Estudos sobre a histeria. In: *Obras completas*, vol. III. Rio de Janeiro: Imago, 1997.

mentales eran tratadas con procedimientos físicos, como electrochoques o incisiones en el cerebro. Con la creación del tratamiento para el habla, Freud revolucionó la psiquiatría, creando una nueva área estudio: el psicoanálisis.

Gracias, Freud, pero Dios ya sabía eso en los tiempos de Caín, cuando le dio una oportunidad de expresar sus sentimientos con relación a su hermano Abel.

> *Entonces Jehová dijo a Caín: ¿Por qué te has ensañado, y por qué ha decaído tu semblante?* (Gen 4.6).

Si Caín hubiera hablado, tal vez no hubiera sido el primer asesino de la faz de la tierra.

Dios también ya sabía todo sobre la terapia de la palabra cuando ofreció a Elías la oportunidad de hablar de sus sentimientos a partir de una única pregunta: "¿Qué haces aquí, Elías?" Después del sueño, el pan, el agua y el ejercicio, aquel parecía ser el recurso que Dios guardó debajo de la manga para el momento más crítico del profeta. Dios siempre tiene sus recursos secretos, que son eficaces cuando nos sometemos a estos. Elías abrió la boca para hablar y llorar. Así como Anna O., la paciente de Feud, Elías expresó en alto y buen sonido el motivo de sus frustraciones.

> *Él respondió: He sentido un vivo celo por Jehová Dios de los ejércitos; porque los hijos de Israel han dejado tu pacto, han derribado tus altares, y han matado a espada a tus profetas; y sólo yo he quedado, y me buscan para quitarme la vida* (1R 19.10).

Como Maestro en el área de la psicología humana, y al final el Creador de cada mecanismo que hizo funcionar nuestro cuerpo, incluyendo los emocionales, Dios no pone a Elías en el regazo, no le muestra un mapa de la eternidad revelando el fin de la harpía Jezabel. Dios solo dijo: "Elías, sal de la cueva y ponte en el monte". En otras palabras, Dios estaba mandándole que reaccionara. Él ya había comido, bebido, caminado y hablado. Ahora, el próximo paso era reaccionar, salir de la cueva, subir de nivel, superar el trauma, caminar en dirección opuesta al dolor. La soledad no era una opción en aquel momento. Había llegado la hora de volver a la vida y encarar la realidad.

> *Él le dijo: Sal fuera, y ponte en el monte delante de Jehová. Y he aquí Jehová que pasaba, y un grande y poderoso viento que rompía los montes, y quebraba las peñas delante de Jehová; pero Jehová no estaba en el viento. Y tras el viento un terremoto; pero Jehová no estaba en el terremoto. Y tras el terremoto un fuego; pero Jehová no estaba en el fuego. Y tras el fuego un silbo apacible y delicado* (1R 19.11-12).

Tempestad, terremoto y fuego. Ese era el Dios que Elías conocía, un Dios de cosas ruidosas y sobrenaturales. Sin embargo, no esta vez. Dios no se mueve dentro de nuestras cajitas limitadas. Dios no es previsible. Esta vez agradó a Dios comunicarse con Elías a través de algo inédito: una brisa suave. Dios habla como quiere.

Y cuando lo oyó Elías, cubrió su rostro con su manto, y salió, y se puso a la puerta de la cueva. Y he aquí vino a él una voz, diciendo: ¿Qué haces aquí, Elías? El respondió: He sentido un vivo celo por Jehová Dios de los ejércitos; porque los hijos de Israel han dejado tu pacto, han derribado tus altares, y han matado a espada a tus profetas; y sólo yo he quedado, y me buscan para quitarme la vida. Y le dijo Jehová: Ve, vuélvete por tu camino, por el desierto de Damasco; y llegarás, y ungirás a Hazael por rey de Siria. A Jehú hijo de Nimsi ungirás por rey sobre Israel; y a Eliseo hijo de Safat, de Abel-mehola, ungirás para que sea profeta en tu lugar (1R 19.13-16).

Un nuevo tiempo estaba pronto a ser inaugurado. Un nuevo rey de Siria, un nuevo rey en Israel y un nuevo profeta. Cambio de autoridades en el mundo físico generalmente refleja un cambio que ya fue decretado en el mundo espiritual. Elías estaba pronto a tener una experiencia maravillosa y tremenda en su historia de vida. Él sería arrebatado por el propio Dios. Pero, antes de eso, todavía había algunas misiones a ser realizadas por Elías, y el diablo quería utilizar una brecha emocional para entorpecer la obra de Dios en el plano espiritual.

Elías obedeció la dirección de Dios, vivió para ungir al rey de Siria, el nuevo rey de Israel y un nuevo profeta en su lugar, Eliseo. Pasado su tiempo en la tierra, Dios lo tomó para sí, en presencia de Eliseo, su sustituto.

> *Y aconteció que yendo ellos y hablando, he aquí un carro de fuego con caballos de fuego apartó a los dos; y Elías subió al cielo en un torbellino* (2R 2.11).

Antes de una gran promoción, siempre viene una gran prueba.

La vida con Dios no es garantía de inmunidad contra las adversidades.

La misma sequía que Elías profetizó, tuvo que enfrentarla. Pero él también la superó. Alabado sea el Señor.

Hoy en día, cuando presto atención a algunas canciones que escribí hace más de una década, percibo que Dios ya estaba revelándome lo que enfrentaría. Dios habla con sus hijos. Esos días, oyendo el testimonio de una gran mujer de Dios, una pastora que amo mucho, ella me decía: "Yo era bailadora, me gustaban las fiestas salvajes, usaba drogas y no quería nada con Jesús. Los cristianos para mí eran retrógrados, inconsecuentes e ignorantes. Hasta que un día acepté la invitación de una amiga para ir a una iglesia. Inmediatamente me arrepentí de haber aceptado la invitación, pero fui a cumplir mi promesa. Llegando allá, un anciano me miró desde la mitad del altar y dijo: 'Así te dice el Señor, joven'. Yo comencé a temblar de los pies a la cabeza y preguntándome a mí misma: '¿Dios habla? Yo no sabía que Dios hablaba…'"

¡Sí, Dios habla! Él habla como quiere, de la manera que quiere, a la hora que desea y solo aborda los asuntos que él escoge porque sabe que son eficaces y oportunos en nuestro proceso de crecimiento. Como un profesor que escoge la clase que va a dar, Dios escoge lo que nos va a enseñar. Ahora, lo que más me fascina de este Dios no es solo su capacidad de hablar, sino de escucharnos. ¡Él nos oye!

> He aquí que no se ha acortado la mano de Jehová para salvar, ni se ha agravado su oído para oír (Is 59.1).

Dios no habla todo lo que queremos oír, sino que habla lo que sabe que podemos asimilar. Dios no siempre parece reaccionar a nuestros gritos, pero siempre oye nuestra voz. En el momento oportuno, él actuará a nuestro favor.

Mujeres, salgan de la cueva y vengan a la vida. Si la muerte golpeó su puerta, del lado de afuera de la caverna hay vida para ser producida. Salga de la cueva y sea abrazada. Ose probar el pan del cielo y el agua de la vida. Dios cuenta con cada una de nosotras en esta misión que se llama vivir. Quiero compartir una más de mis canciones, para incentivarla a iniciar, ahora mismo, un diálogo con Dios. El diván ya está en la sala del trono, puede acostarse y abrir el corazón. Terapia de la palabra en modo *on*. No esconda nada de él. No que él necesite saberlo, al final él es el Dios que todo lo sabe y todo lo ve. Nosotros somos quienes necesitamos hablar.

> *Sé que me hablas a través de un hermano*
> *Sé que me hablas cuando doblo las rodillas en oración*
> *Se que me hablas por tu Palabra*
> *Y hablas conmigo aun cuando callas*
> *Siempre te oigo en la tribulación*
> *Tu voz me calma y trae consuelo a mi corazón*
> *Y cuando no sé qué dirección tomar*
> *Yo paro todo para escuchar*
> *Nada es más importante*
> *Yo solo quiero oírte hablar*
>
> *Habla conmigo*
> *Habla, Señor*
> *Decidí obedecerte por amor*

HABLA CONMIGO

Yo necesito aprender el camino de tu corazón
Habla conmigo como un pastor
Que conduce a su rebaño
Yo desconozco otra voz que no venga de ti
Habla conmigo, Señor
Yo necesito oírte
Yo necesito oírte.

EYSHILA, *Habla conmigo*

https://bit.ly/2UkfBzp

PARTE CUATRO

MUJER VIRTUOSA, MUJER DE VICTORIA

> "Mujer virtuosa, ¿quién la hallará? Porque su estima sobrepasa largamente a la de las piedras preciosas."

PROVERBIOS 31.10

CAPÍTULO TRECE

Como piedra preciosa

Mujer virtuosa, ¿quién la hallará? Porque su estima sobrepasa largamente a la de las piedras preciosas (Pr 31.10).

El último capítulo del libro de Proverbios son las palabras del rey Lemuel, inspiradas en la profecía que le enseñó su mamá. Para muchos eruditos, Lemuel puede haber sido un segundo nombre dado al rey Salomón. Puede ser también otro nombre del rey Ezequías, quien también fue un poeta en su tiempo. Pero lo que me interesa a mí no es quién fue el rey Lemuel, sino aquella que lo inspiró a escribir este capítulo y cerrar con broche de oro el libro de Proverbios: su mamá.

El nombre "Lemuel" es de origen hebreo y significa consagrado, separado y dedicado a Dios. Los hijos dedicados a Dios son propiedad del Señor. Donde quiera que estén, nuestras oraciones los alcanzarán.

Invito a todas las madres que están leyendo este libro a consagrar sus hijos a Dios. Si ya lo hicieron, descansen en el pacto que fue firmado entre ustedes y el Señor. El infierno no puede vencer para siempre a un hijo que fue consagrado a Dios por su madre. Donde quiera que esté, sus oraciones lo alcanzarán. Puede pasar el tiempo que sea, pero ellos volverán a la presencia de Dios. El infierno no tiene el poder de vencer la oración de una madre. Por más profundos que hayan sido los pactos que nuestros hijos firmaron con el mundo, estos jamás serán más poderosos que aquellos que hicimos con Dios con respecto a ellos (desde que el hijo haya reconocido su condición de pecador y recibido a Cristo como Señor y Salvador). No existe lugar más seguro para dejar a un hijo que en las manos del mismo Dios. [Ore consagrando, pero también ore por la salvación de sus hijos].

> *No existe lugar más seguro para dejar a un hijo que en las manos del mismo Dios.*

Instruye al niño en su camino, Y aun cuando fuere viejo no se apartará de él (Pr 22.6).

Mi suegra oró durante once años para que su hijo fuera librado de las drogas. Muchas veces él llegaba a casa en la madrugada completamente drogado, y ella estaba arrodillada en la sala, al lado de su esposo, el pastor José Santos, clamando por su vida. Él pasaba silenciosamente por encima de los pies de sus padres e iba derecho a su cuarto, aparentemente indiferente de todo, pero después confesó que aquella escena golpeaba y tocaba su corazón. Otras veces se despertaba de madrugada con su padre orando en pie, al lado de su cama, con las manos impuestas sobre él. Ellos nunca desistieron. Hoy, mi esposo es un pastor usado por Dios y separado para el ministerio.

Si nuestro amor por nuestros hijos no vence al enemigo, con seguridad la ira no lo hará. Nuestra ira debe ser contra Satanás, no contra las personas que amamos. Dejemos la ira para el diablo. Él se va a encargar de hacer que nuestros hijos cosechen los frutos de sus pecados. Las consecuencias son inevitables en la vida de quienes toman decisiones equivocadas, infelizmente. Sin embargo, existe un poder mucho mayor que el de la ira de Satanás: el poder de la sangre de Jesús. Solamente esa sangre tiene el poder de purificar y transformar la vida de nuestros hijos.

Ellos son nuestra recompensa, no nuestra carga.

He aquí, herencia de Jehová son los hijos; Cosa de estima el fruto del vientre (Sal 127.3).

La madre del rey Lemuel, por su parte, no se quedó solamente en la oración. Ella avanzó hacia los consejos, dándole una palabra sobre el tipo ideal de mujer que debía escoger como compañera.

Ella comenzó advirtiendo a su hijo de la dificultad de encontrar una mujer de valor. Así como las piedras preciosas no se encuentran en la superficie de las rocas, las mujeres valiosas también deben ser buscadas con mucha diligencia y esfuerzo. Necesitan de excavación. Hay mineros que mueren buscando esas joyas.

Sinceramente, pasé mucho tiempo de mi vida leyendo este texto y quedando deprimida, al encontrarme con ese modelo inalcanzable de mujer. Una perfección en persona. Al principio pensé que se trataba de un texto machista, hasta que descubrí que su autor era una mujer con una visión específica y detallada del tipo de esposa que esperaba para su hijo.

Nada mal tener una suegra así, ¿no? Pero el hecho de que el rey haya reproducido las palabras de su madre dice que él valoraba su opinión. Tal vez el rey Lemuel creía lo que ella estaba diciendo porque veía en su madre aquel tipo de mujer que ella deseaba para él.

Lo que encuentro hermoso es que, antes de comenzar a hablar sobre la mujer ideal, él aconseja a su hijo ser el hombre ideal. Ella lo llama como lo ve:

¿Qué, hijo mío? ¿y qué, hijo de mi vientre? ¿Y qué, hijo de mis deseos?... (Pr 31.2)

Jamás podemos olvidar quiénes son nuestros hijos. Ni siquiera el pecado deberá desfigurarlos delante de nuestros ojos. Ellos son nuestros hijos amados, son de nuestro vientre y, antes de ser nuestros, son del Señor. Podemos aconsejarlos, amarlos y advertirlos, pero no podemos controlarlos. A pesar de haberlos comprado a precio de sangre, la sangre de su Hijo Jesús, Dios en su infinita sabiduría y soberanía permite que cada uno tome decisiones, que muchas veces no son las que desea para sus hijos.

La madre del rey comienza a darle una serie de consejos referidos a una vida de temor a Dios.

> *No des a las mujeres tu fuerza,*
> *Ni tus caminos a lo que destruye a los reyes.*
> *No es de los reyes, oh Lemuel, no es de los reyes beber vino,*
> *Ni de los príncipes la sidra;*
> *No sea que bebiendo olviden la ley,*
> *Y perviertan el derecho de todos los afligidos.*

Al parecer, la madre del rey tenía enorme preocupación por el carácter de su hijo. Ella sabía que sus riquezas no harían de él un hombre digno, sino lo que había en su interior. Ella quería formar un hombre íntegro.

Hasta que, finalmente, ella cambia a la parte "B" de la conversación: una esposa ideal. Y compara a esa mujer ideal con un tesoro más valioso que las piedras preciosas. Piensen en el alto nivel de esa mujer. ¡Esa mujer es usted!

El valor de una piedra preciosa es medido no solo por su belleza y brillo, sino por su dureza y resistencia. Existe una escala, la Escala de Mohs, que cuantifica la dureza de los minerales. Fue creada en 1812 por el mineralogo alemán Friedrich Vilar Mohs con diez minerales de diferente dureza existentes en la corteza terrestre. Esta escala va de 1, valor que fue dado al talco mineral, a 10, valor que fue dado al diamante, sustancia más dura conocida en la tierra.

El diamante es una piedra preciosa altamente codiciada, por ser la más dura de estas y, además, reflejar la luz de una manera propia y atractiva cuando es perfeccionado. En la Escala de Mohs, estas son las cuatro piedras más resistentes en la escala de la dureza:

- Diamante — nota 10
- Zafiro — nota 9
- Topacio — nota 8
- Amatista — nota 7.

Las piedras preciosas no se forman de un día para el otro. Pueden pasar millones de años para que se formen, y por eso son tan valiosas. Solamente una pequeña fracción de esas piedras será descubierta y expuesta.

La madre del rey, al colocar a la mujer en el nivel de una piedra preciosa, estaba diciendo a su hijo que él no encontraría tal mujer en las esquinas de la vida; tendría que cavar profundo para encontrarla. Ella estaba mostrando a Lemuel, su hijo amado y consagrado, que esa mujer no sería frágil y quebradiza. Esta profetiza también está siendo usada por Dios para enseñarnos algunos principios:

1. Las piedras preciosas solo tienen apariencia de fragilidad, pero en verdad son firmes y resistentes porque fueron talladas hasta que llegaron a ser joyas.

Así como una piedra preciosa, la mujer soporta el proceso de tallado que revela su belleza real. Actualmente existe un artefacto para el tallado, una especie de disco rotativo sobre el cual se aplica una mezcla de agua y aceite. La piedra que será pulida es presionada contra la superficie de ese disco hasta que tome la forma deseada por el joyero. Ese proceso sirve para "corregir" incluso las piedras de dureza más elevada, como el diamante, por ejemplo.

> *Así como una piedra preciosa, la mujer soporta el proceso de tallado que revela su belleza real.*

Eso significa que, por más preciosa que una piedra sea, no puede ser eximida del proceso de tallado, sino su verdadera belleza jamás será revelada. Cuanto más preciosa es la piedra, mayor cuidado se debe tener en su tallado. El diamante, por ejemplo, solo puede ser tallado por un especialista, o sea, alguien que conozca dónde puede ser alterado. Alguien que conozca su "vena".

Los diamantes tienen varias "venas", así como usted, mujer preciosa. No se preocupe con el proceso doloroso por el cual está pasando. Su Dios, el tallador que la tiene en la palma de su mano, es especialista en transformar piedras brutas en joyas de fino valor. Él también conoce sus venas; en últimas, fue él quien la formó en el vientre de su madre, y, cuando nadie sabía nada de usted, él ya conocía su valor. El proceso puede ser doloroso, pero el Especialista va a usar una mezcla infalible.

Agua

Primero, él toma el agua, que representa su Palabra, fuente de revelación, conocimiento y fe. Cuanto más doloroso es el proceso, más necesitamos de la Palabra de Dios profundizando la fe en nuestro corazón.

> *Porque la palabra de Dios es viva y eficaz, y más cortante que toda espada de dos filos; y penetra hasta partir el alma y el espíritu, las coyunturas y los tuétanos, y discierne los pensamientos y las intenciones del corazón* (Heb 4.12).

El tallador usa el poder de su Palabra para mostrarnos quiénes somos en la realidad de las luchas, adversidades y presiones de la vida. La Palabra va a revelar nuestras impurezas, pero también va a revelar nuestra belleza oculta, que solamente se harán visibles después que seamos tallados por el Especialista.

Él también usa otro elemento maravilloso.

Aceite

> *y las especias aromáticas, y el aceite para el alumbrado, y para el aceite de la unción, y para el incienso aromático* (Éx 35.28).

Iluminación, unción y perfume. Estas son solo tres de las innumerables funciones del aceite, que el Tallador usa en nuestro proceso de perfeccionamiento. El aceite ya era cultivado hace más de 3 mil años antes de Cristo, y hace más de 6 mil años era usado por los pueblos de Mesopotamia como protección para el frío. En esa misma época los soldados se untaban aceite para protegerse del frío en las batallas. A partir del siglo VII a.C. el aceite comenzó a ser investigado por filósofos, médicos e historiadores por sus propiedades benéficas para el ser humano. Pasó a ser usado no solo en la culinaria, sino como medicamento, ungüento, bálsamo, perfume, combustible para iluminación, lubricante de herramientas, impermeabilizante de tejidos, entre otros. En la Biblia, el aceite tipifica la presencia del propio Espíritu Santo.

> *Manda a los hijos de Israel que te traigan para el alumbrado aceite puro de olivas machacadas, para hacer arder las lámparas continuamente (Lv 24.2).*

En la cultura judía, el aceite siempre estuvo asociado al sentimiento de la alegría, mientras que su falta siempre tuvo la connotación de tristeza y humillación.

> *Responderá Jehová, y dirá a su pueblo: He aquí yo os envío pan, mosto y aceite, y seréis saciados de ellos; y nunca más os pondré en oprobio entre las naciones (Jl 2.19).*

Incluso Jesús tuvo que pasar por el proceso del agua y del aceite, en las manos del Tallador. Antes de su muerte, él agonizaba en el jardín del Getsemaní, que significa "lagar del aceite".

> *"Vinieron, pues, a un lugar que se llama Getsemaní, y dijo a sus discípulos: Sentaos aquí, entre tanto que yo oro. Y tomó consigo a Pedro, a Jacobo y a Juan, y comenzó a entristecerse y a angustiarse. Y les dijo: Mi alma está muy triste, hasta la muerte; quedaos aquí y velad. Yéndose un poco adelante, se postró en tierra, y oró que, si fuese posible, pasase de él aquella hora. Y decía: Abba, Padre, todas las cosas son posibles para ti; aparta de mí esta copa; mas no lo que yo quiero, sino lo que tú" (Mr 14.32-36).*

Jesús también fue machacado, golpeado, molido antes de ser expuesto con nuestros pecados, para que nuestra impureza quedara escondida detrás de su sangre, nuestra deuda expuesta en la cruz y nuestra verdadera belleza revelada en él, nuestro Salvador, nuestro mayor bien. Si hoy somos joyas preciosas, es porque Jesús no negó el proceso que le fue propuesto.

> *Cada vez que usted crea que no va a soportar, mujer, recuerde que no está en las manos de un inexperto, sino en las manos del Rey de los reyes, ¡JESÚS!*

Y nosotras, ¿será que estamos dispuestas a soportar el nuestro? Antes de la promesa de hacernos finas joyas, existe el tallado. Pero no hay por qué preocuparnos. No nos romperemos en sus manos. Él usará en nosotras el agua pura y sin mezcla de su Palabra y el aceite del Espíritu Santo, que es su presencia, para que hacernos soportar cada movimiento de rotación del disco. Cada que usted crea que no va a soportar, mujer, recuerde que no está en las manos de un inexperto, sino del Especialista que no solamente conoce sus venas, sino que también la vio cuando todavía estaba siendo formada, en el vientre de su madre, donde nadie más tenía acceso. Él sabe de dónde vino. Él conoce su historia y sabe muy bien dónde pretende depositarla después del proceso de tallado. Usted no está en las manos del Tallador para ser quebrada, sino para ser perfeccionada. Usted no es una imitación cualquiera de una semi joya barata. Usted es una piedra preciosa, linda e insustituible que un día será revelada por el Dios que la formó y pulió para ser vista y apreciada por multitudes. Permanezca firme durante el proceso.

2. No existen piedras preciosas sin valor. Existen piedras valiosísimas que todavía no han llegado a las manos correctas.

Mientras yo escribía este capítulo, tuve una experiencia marcante. Fui abordada por una pastora durante una conferencia en Brasilia. Ella me entregó una piedra preciosa dentro de una bolsita transparente y dijo que después de la reunión me explicaría. Al final del evento ella se me presentó como una pastora — no voy a revelar su nombre para proteger su privacidad — y me contó el motivo de aquel regalo. Me contó que trabajaba con piedras preciosas y que Dios la había bendecido mucho a través de ese negocio. Entonces comenzó a llorar y agradecerme porque en sus momentos más sombríos yo la había alcanzado y consolado con mis canciones, aun sin conocerla. La forma que ella encontró para retribuirme fue ofreciéndome lo que tenía de valor: una piedra preciosa. No pude rehusar su ofrenda de amor. Después vine a saber que se trataba de un topacio, una de las piedras más valiosas de la actualidad por su rareza y belleza. Quedé muy agradecida con Dios por haber usado a aquella mujer tan sensible para confirmar en mi corazón la palabra que yo deseaba compartir con ustedes, mujeres preciosas de este tiempo.

Dentro de aquella bolsita, aquel topacio sería apenas una piedra linda más. Tendría su valor, pero nadie jamás sabría su significado. Sería solo una joya escondida. Sin embargo, yo tengo otros planes con esa piedra. Voy a llevarla hasta un joyero de confianza, que encontrará una forma de combinarla con un lindo collar de oro, y esa piedra no quedará guardada más dentro de una bolsita. Será usada como un adorno. Más que un adorno, será, por lo menos para mí, un símbolo profético de que Dios confirmó en mi corazón la palabra que Él deseaba que yo compartiera con cada mujer preciosa de esta generación.

3. No existe solo una especie de piedra preciosa, sino una variedad increíble de estas.

Aunque el diamante sea una de las piedras más disputadas por su gran dureza y brillo, no es la piedra más cara del mundo actualmente.

Hoy, la piedra más cara del mundo no es la más bonita ni la más resistente, sino la más rara. Su nombre es jade. Llegó a ser vendida en una joya con apenas un milímetro y medio por ocho millones de euros, respaldando el dicho que afirma que "lo que importa no es el tamaño". Cada quilate cuesta 2.8 millones de euros. Solo existen diez yacimientos de jade en el mundo. Uno de los más importantes se encuentra en el valle de Motagua, en Guatemala. El jade tiene una particularidad: científicos americanos del Departamento de Ciencias Planetarias del Museo Americano de Historia Natural descubrieron dos yacimientos de jade de edades y mineralogías[1] diferentes. Eso es un hecho inédito.

Lo que ocurre es que Guatemala está situada encima de una superficie de 109.000 km^2, arriba de la placa tectónica norteamericana, al lado de otra placa tectónica, los Cocos, al sur del país. Luego, en frente de la placa de "los Cocos" está otra placa, la del Caribe. Tenemos, en este caso, tres placas tectónicas que se mueven y causan erupciones volcánicas, terremotos y fallas. Los yacimientos de jade están en el borde de la falla de Motagua, que es una brecha natural situada entre la placa tectónica de América del Norte y la placa caribeña. La geología de esas dos placas es muy diferente, y por eso el jade encontrado en el norte y el jade encontrado en el sur de la falla son tan diferentes. La señal de que existe jade no solo es una serpentina, o sea, una roca metamórfica formada a partir del magma y de los sedimentos de la tierra. Ese nombre se debe a la semejanza con la piel de una serpiente.

El movimiento de las placas tectónicas produce erupciones volcánicas, terremotos y fallas geológicas, pero también produce joyas rarísimas, las más caras y preciosas de la actualidad.

Tal vez su vida sea hecha solamente de erupciones, terremotos y fallas, pero le digo que de toda esa mezcla de aparentes tragedias naturales Dios puede producir una joya de valor incalculable. Quizá usted no sea lo que llaman mujer bonita, dentro de los patrones de belleza que

---

[1] Ramo de la geología que estudia la composición química, las propiedades físicas, la estructura, la apariencia, la estabilidad, la ocurrencia y la asociación de los minerales.

los medios imponen, pero sepa que eso tampoco es lo que determina su valor real. Para ser preciosa, usted no necesita ser, necesariamente, un diamante, un rubí, un topacio o un jade. Solo necesita ser usted misma, con todas esas características que Dios le dio cuando la formó de un modo tan asombrosamente maravilloso.

Sepa que, por más preciosos que sean los tesoros escondidos en la oscuridad de las profundidades, y por más raras que sean los yacimientos que contienen esas piedras, jamás será encontrada una piedra tan perfecta y preciosa como usted, mujer. Todo lo que usted necesita es pasar por las manos de Jesucristo, el tallador especialista en piedras brutas y escondidas.

CAPÍTULO CATORCE

Pequeños detalles

Después de haber pasado por las manos del Tallador, que no solamente valorizó, también reveló al mundo su valor, las otras cualidades de esta mujer de Proverbios 31 son solo pequeños detalles para ser observados. El desafío mayor ya pasó. Si el proceso de tallado fue soportado, las impurezas e imposibilidades quedaron en el pasado. De ahora en adelante todo es posible para esta mujer más valiosa que el oro y las piedras preciosas.

1. Ella transmite tranquilidad

> *El corazón de su marido está en ella confiado, Y no carecerá de ganancias. Le da ella bien y no mal Todos los días de su vida* (Pr 31.11-12).

Una mujer de valor no pierde el control de la situación. Ella sabe que, aun cuando todo se derrumbe a su alrededor, existe un Dios que está al control. Él tiene una salida para toda y cualquier situación. Mientras el diablo trabaja de forma incansable para destruir la unidad de la relación conyugal, Dios continúa contando con mujeres llenas de disposición y voluntad de hacer que funcione. En vez de competir con el esposo, esta mujer lo ayuda. En vez de pensar solamente en sí misma, ella va a intentar el bienestar de su amado. Actuará así no por ser perfecta, sino por ser una joya preciosa. Mujeres preciosas, aunque falten eventualmente en su misión, jamás perderán su valor.

Una mujer de valor no pierde el control de la situación. Ella sabe que, aun cuando todo se derrumbe a su alrededor, existe un Dios que está al control.

---

2. Ella es hacendosa

> *Busca lana y lino, Y con voluntad trabaja con sus manos. Es como nave de mercader; Trae su pan de lejos* (Pr 31.13-14).

Si en aquel tiempo no había espacio para mujeres perezosas, imagínese hoy, en este mundo competitivo en que vivimos. Ya no necesitamos recurrir a los navíos mercantes para comprar comida. Solo necesitamos una aplicación en el teléfono inteligente. Sin embargo, existen mujeres que ni siquiera así se mueven de su lugar. Las mujeres virtuosas no hacen solo lo que debe ser hecho, también lo hacen con placer y van siempre más allá de sus meras obligaciones. Ellas hacen con amor todo lo que realizan. No siempre somos motivadas por la voluntad, pero el amor supera el desánimo, y así conseguimos concluir lo que comenzamos.

3. Ella no negocia su lugar de autoridad en el hogar

> *Se levanta aun de noche Y da comida a su familia Y ración a sus criadas. Considera la heredad, y la compra, Y planta viña del fruto de sus manos. Ciñe de fuerza sus lomos, Y esfuerza sus brazos. Ve que van bien sus negocios; Su lámpara no se apaga de noche* (Pr 31.15-18).

Existen cosas que nadie hará por usted. Note que esta mujer tiene empleadas, pero no se exime de sus responsabilidades. Ella está siempre dispuesta y no huye del trabajo pesado. Quien quiere comandar necesita hacer. Aprendí con mi pastora Elizete Malafaia el siguiente principio: "Todas tendremos que ser líderes en algún área de la vida, aunque seamos líderes de nosotras mismas". Quien no logra liderarse a sí misma no puede liderar a otros. Quien no logra controlarse en sus gastos no puede administrar las finanzas de su casa. Quien no está dispuesta a trabajar pesado tampoco está preparada para disfrutar.

Levantarse temprano para mí siempre fue un desafío. Soy una persona nocturna. Yo siempre me dormía en las primeras clases cuando estudiaba por la mañana. Pecado confesado. Sin embargo, en las madrugadas estoy atenta a las ideas que Dios acostumbra a darme. Yo escribo, compongo, creo, oro, estudio, vivo de madrugada. Encuentre su mejor horario, mujer. Puede ser por la mañana bien temprano, o puede ser hasta altas horas de la madrugada, pero lo importante es que usted no renuncie a su papel relevante en el hogar y en la sociedad.

4. Ella demuestra generosidad

Aplica su mano al huso, Y sus manos a la rueca. Alarga su mano al pobre, Y extiende sus manos al menesteroso (Pr 31.19-20).

Recuerdo que, cuando llegué a Río de Janeiro, a los cinco años, junto con mis padres y hermanos, no teníamos cómo comprar ropa nueva. Mi padre había conseguido un empleo, pero lo que ganaba solo alcanzaba para pagar el alquiler, la alimentación y nuestra escuela, que él insistió que fuera privada, a pesar de estar localizada dentro del modesto barrio donde vivíamos. Recuerdo como si fuera hoy la alegría que experimentaba nuestro corazón cada vez que llegaba del correo una caja enorme que la tía Lucia, mi tía costurera, mandaba desde Fortaleza. Era la ropa que ella hacía para nosotros, con los retazos que sobraban de los vestidos que confeccionaba para las señoras de Fortaleza. Ese gesto marcó nuestra vida. La generosidad existe para cambiar y marcar positivamente la vida de alguien.

En lo que dependa de mí, jamás seré capaz de marcar la vida de nadie cosiendo, porque esa no es mi habilidad. Pero Dios me capacitó con otros talentos que, sin duda, servirán para manifestar ese fruto del Espíritu. Una mujer virtuosa encontrará la manera de ser generosa. Está en su naturaleza preciosa.

5. Ella no tiene miedo del futuro ni de las diferentes estaciones de la vida

> *No tiene temor de la nieve por su familia, Porque toda su familia está vestida de ropas dobles. Ella se hace tapices; De lino fino y púrpura es su vestido* (Pr 31.21-22).

"Yo no necesito preocuparme de lo que vendrá, basta a cada día su mal. Yo solo tengo que confiar y descansar porque Dios está al control...". Ella se anticipa sin demostrar ansiedad. Vive por la fe y eso le garantiza confianza en los días venideros. Cuando llega el invierno... ya está preparada. Si tenemos una certeza en esta vida, es que las estaciones cambiarán.

> *Mientras la tierra permanezca, no cesarán la sementera y la siega, el frío y el calor, el verano y el invierno, y el día y la noche* (Gn 8.22).

Dios determinó que fuera así. Podemos deleitarnos en el frescor de la primavera y sentir el aroma de las flores, pero también estaremos sudando en el verano, y lluvias torrenciales caerán, con rayos y truenos estrepitosos. Pero las lluvias, aunque causen trastornos, son necesarias para regar la tierra y hacer que broten las semillas que fueron plantadas. El otoño viene después, trayendo un tono amarillento y nostálgico a la naturaleza. Tiempo de apareamiento entre los animales. Tiempo de clima agradable y temperatura amena. Hasta que el invierno cubra los últimos rayos de sol y traiga el frío que nos hace entrar en la caverna de nuestra propia vida. A veces viene con tanto rigor, que todo lo que queremos es hacer como los osos: hibernar hasta que termine. Pensar en el invierno de esta manera nos trae miedo y tristeza, pero la Biblia dice que no para la mujer virtuosa. Ella no tiene miedo del invierno porque ya está preparada.

> *Una mujer virtuosa no necesita sufrir antes de tiempo, pero cuando llega el sufrimiento tiene provisión espiritual para soportar lo que tenga que soportar.*

Prepararse para las estaciones difíciles de la vida no es lo mismo que sufrir anticipadamente, sino orar fervorosamente en todas las demás estaciones. Una mujer virtuosa no necesita sufrir antes de tiempo, pero cuando llega el sufrimiento tiene provisión espiritual para soportar lo que tenga que soportar. Ella se preparó en Dios, cultivando una relación íntima y personal con el Señor. Eso sí hace toda la diferencia en la vida de una mujer, sea cual sea la estación.

6. Ella es responsable por la buena reputación de su esposo

> *Su marido es conocido en las puertas, Cuando se sienta con los ancianos de la tierra* (Pr 31.23).

Una mujer que pasa todo el tiempo renegando de su esposo a los cuatro vientos no resolverá su problema y aún añadirá otro a su lista. Esposos problemáticos empeoran en las manos de mujeres chismosas y murmuradoras. Por otro lado, mujeres que cuentan sus problemas conyugales a Dios, en lugar de difamar a su cónyuge, ciertamente alcanzarán su milagro en el tiempo oportuno.

Al inicio de mi matrimonio, en los peores momentos que pasé al lado de mi esposo todavía completamente esclavizado por las drogas, me reusaba a contar a otros lo que yo pasaba. Yo tenía una o dos amigas de mi entera confianza con las cuales lloraba, pero yo no revelada a todos lo que enfrentaba porque pensaba: "Un día él va a ser libre, Dios va a realizar la obra de liberación que prometió en su vida, yo voy a perdonar, pero no puedo decir lo mismo de nuestros familiares y amigos. Prefiero que ellos tengan el registro de su liberación que el registro de mis dolores".

Una mujer que habla bien de su esposo abre puertas para sí misma y bendice a toda la familia.

Una mujer que habla bien de su esposo abre puertas para sí misma y bendice a toda la familia. Una mujer que vive renegando de su esposo no ayuda a sus hijos, ya que es la responsable de revelarles a su padre, de acuerdo con la psicología. He visto a muchos hijos sin referente masculino en casa, no solo por causa de la debilidad de sus padres, sino porque sus madres se pasaron toda la vida amplificando a los cuatro vientos los defectos de sus padres.

7. Ella es una solucionadora de problemas, lo que garantiza sosiego con respecto al futuro

> *Hace telas, y vende, Y da cintas al mercader. Fuerza y honor son su vestidura; Y se ríe de lo por venir (Pr 31.24-25).*

Mujeres que viven disculpándose delante de los demás por sus fracasos, en lugar de encontrar formas creativas de solucionar sus problemas, verán las mejores oportunidades siendo aprovechadas por otras. Las oportunidades no caen del cielo porque sí. Dios da la tierra, la lluvia y la semilla; plantar es para nosotros. infelizmente estamos frente a una generación de jóvenes que tiene todo a un clic de distancia. Si no les gusta la imagen, pasan la página o la borran. Son tantas las oportunidades y posibilidades que ellos quedan aburridos y terminan postergando sus decisiones. Lamentable. Dios cuenta con un ejército de mujeres capaces de usar esas dos virtudes que Él les ha dado: energía y honor. Energía para ejecutar sus tareas y honor para concluirlas. Una cosa es comenzar y otra terminar. Las mujeres comprometidas con Dios no concluyen un trabajo solo para el esposo, para el patrón o incluso para el pastor. Ellas lo hacen para el Señor. Esa capacidad les garantiza tranquilidad en su futuro. Al final, el futuro estará siempre a un paso de nuestro ahora.

8. Ella siempre se supera

Considera los caminos de su casa, Y no come el pan de balde (Pr 31.27).

No siempre hay deseos de hacer lo que debe ser hecho. Sin embargo, el peso de la responsabilidad, junto con la conciencia de que lo que hacemos es por una causa mucho más allá de nosotras mismas, nos motiva a no abandonar el puesto. El hecho de que seamos profesionales liberales no nos exime de nuestras responsabilidades en el hogar. La mujer de Proverbios 31 es tan actual que logra ser negociante, emprendedora, vendedora, compradora, sin dejar que su casa sea comida por el polvo. Es difícil conciliar todas esas tareas, pero es posible. Si existe alguien que puede acumular tareas, ese alguien es la mujer. No cualquier mujer, sino la virtuosa, la más valiosa que las piedras preciosas. Estoy hablando de mí y de usted.

9. Ella es amada y elogiada por los que la conocen entre cuatro paredes

Se levantan sus hijos y la llaman bienaventurada; Y su marido también la alaba: Muchas mujeres hicieron el bien; Mas tú sobrepasas a todas (Pr 31.28-29).

Felices las mujeres que tiene su valor reconocido mientras están vivas. Principalmente si ese valor viene de aquellos que ella más ama. Sin embargo, me gustaría confrontarla con la siguiente pregunta: ¿Usted solía elogiar a las personas con las que vive? ¿Usted es una persona que enaltece las cualidades de los otros o vive con una lupa sobre sus defectos? Muchas veces queremos ser elogiadas, pero nos reusamos a elogiar. Queremos que nos demuestren amor, pero escondemos nuestros sentimientos en las gavetas más profundas de nuestro ser, tal vez porque fuimos criadas así, con pocos besos, abrazos o expresiones de cariño. Mi palabra para usted hoy es: Nunca es demasiado tarde para adquirir buenos hábitos. Quien quiere recibir necesita estar dispuesto a ofrecer. Piense en eso y recuerde que todo cambio trae en sí una incomodidad inicial y requiere un período de adaptación, pero al final, si es un cambio para mejorar, traerá muchos beneficios y agregará valores a su historia de vida.

> *¿Usted acostumbra a elogiar a las personas con las que vive? ¿Usted es una persona que enaltece las cualidades de los otros o vive con una lupa sobre sus defectos? Muchas veces queremos ser elogiadas, pero nos reusamos a elogiar.*

Sepa, sin embargo, que, recibiendo el merecido reconocimiento o no, usted es única. No existe otra igual. Dios la ama de forma única y verdadera. Usted tiene valor para Dios y vive en este tiempo por un propósito maravilloso y sobrenatural, recibiendo elogios de los otros o no. No se haga esclava de los elogios o de la opinión ajena, y no se prive de abrir la boca y demostrar con palabras su amor y su admiración por los que conviven con usted. Al final de cuentas, aprendemos con nuestro maestro Jesús que *es mejor dar que recibir* (Hch 20.35).

10. Ella es bella por dentro y por fuera

> *Engañosa es la gracia, y vana la hermosura; La mujer que teme a Jehová, ésa será alabada* (Pr 31.30).

Sansón trajo sobre sí mucho mal al dejarse seducir por una mujer cuyos encantos eran solo una ilusión. Él renunció a su unción y fue vencido por las mentiras de Dalila, cuya belleza solo era un disfraz de su pacto con los enemigos del pueblo de Dios.

> *Y aconteció que, presionándole ella cada día con sus palabras e importunándole, su alma fue reducida a mortal angustia. Le descubrió, pues, todo su corazón, y le dijo: Nunca a mi cabeza llegó navaja; porque soy nazareo de Dios desde el vientre de mi madre. Si fuere rapado, mi fuerza se apartará de mí, y me debilitaré y seré como todos los hombres. Viendo Dalila que él le había descubierto todo su corazón, envió a llamar a los principales de los filisteos, diciendo: Venid esta vez, porque él me ha descubierto todo su corazón. Y los principales de los filisteos vinieron a ella, trayendo en su mano el dinero. Y ella hizo que él se durmiese sobre sus rodillas, y llamó a un hombre, quien le rapó las siete guedejas de su cabeza; y ella comenzó a afligirlo, pues su fuerza se apartó de él* (Jue 16.16-19).

Al contrario de la mujer virtuosa de Proverbios 31, Dalila sería lo que toda suegra llamaría una pesadilla de ojos abiertos. Era oportunista, mentirosa, interesada y sin temor de Dios. Usaba su belleza para conseguir lo que quería. Usaba a las personas y amaba las cosas. El mundo está lleno de mujeres así. Hoy en día, cuando nos referimos a Dalila en nuestros mensajes, jamás hablamos de ella de forma positiva. Ella jamás será elogiada por lo que hizo. Con seguridad era deslumbrantemente bella, pero su maldad superó su belleza. Ella siempre será recordada por el mal que causó al siervo de Dios que, a su vez, no vigiló.

Que usted no sea recordada en este tiempo o en tiempos futuros por la maldad que causó a las personas, sino por las virtudes que hicieron de usted una mujer verdaderamente bella y digna de los mejores elogios.

11. Ella será recompensada

Dadle del fruto de sus manos, Y alábenla en las puertas sus hechos (Pr 31.31).

Dios es especialista en recompensarnos por el bien que escogemos hacer. Él no es como muchos de nosotros que, en lugar de elogiar a nuestros hijos por las veces en que acertaron, soltamos aquella frase impía que también oímos de nuestros padres: "Usted no hizo nada más que lo que tenía que hacer". Al contrario de lo que muchos predican por ahí, Dios no anda con un látigo buscando a quien pueda azotar. Aunque corrija a sus hijos y los discipline por amor, Él también ama recompensarlos. Los regalos que Dios reservó para sus hijos son para este tiempo y también para la eternidad.

> *Respondió Jesús y dijo: De cierto os digo que no hay ninguno que haya dejado casa, o hermanos, o hermanas, o padre, o madre, o mujer, o hijos, o tierras, por causa de mí y del evangelio, que no reciba cien veces más ahora en este tiempo; casas, hermanos, hermanas, madres, hijos, y tierras, con persecuciones; y en el siglo venidero la vida eterna* (Mr 10.29-30).

Mi lectura de Proverbios 31 no siempre fue esta. En verdad, yo tenía rabia de ese texto de la "mujer virtuosa" porque veía allí un patrón elevadísimo de conducta y pensaba que jamás sería capaz de alcanzar un nivel así, hasta que comprendí que ese patrón solo es posible en Cristo. La gloria es de él, la honra es de él y no hay de qué enorgullecernos al alcanzar tal nivel. No nacemos listas, pero nacemos con todo lo que necesitamos dentro de nosotras, y ese tesoro será revelado en el momento correcto, cuando Dios quiera y cuando él vea que el proceso del agua y el aceite aplicados en la medida correcta hayan hecho efecto en la piedra y cumplan su objetivo.

> *Si por un lado no existen mujeres perfectas, existen mujeres que pueden ser perfeccionadas por el Tallador, Aquel que nos creó y nos amó aun antes de revelarnos al mundo.*

Si por un lado no existen mujeres perfectas, existen mujeres que pueden ser perfeccionadas por el Tallador, Aquel que nos creó y nos amó aun antes de revelarnos al mundo. Ese amor es nuestra mayor recompensa. Frente a esta seguridad, y teniendo conciencia de su valor para Dios, todas las demás virtudes son apenas un pequeño detalle. Pude respirar hondo y seguir adelante, mujer virtuosa. Usted vale mucho más que el oro y las piedras preciosas.

CAPÍTULO QUINCE

Produciendo perlas

Este es el testimonio de Renata Ariane Costa Matheus[1]:

El 6 de diciembre de 2018 me desperté con mi hija Rebeca llamándome, diciendo que estaba con mucho dolor de cabeza y mucho malestar en el cuerpo. Me levanté y la llevé al médico. Llegando al hospital, el médico dijo que era una gripa fuerte, le recetó medicinas y nos fuimos. Al día siguiente, 7 de septiembre, ella se levantó nuevamente con fuertes dolores de cabeza, entonces su padre la llevó al médico. Llegando allá, ella tomó suero con dipirona, pero no obtuvo mejoría. El médico pidió una tomografía y un examen de sangre. Ella fue llevada a la sala de tomografía ya dormida. A partir de allí no pudimos verla más ni hablar con ella. La llevaron directo a la sala de emergencias. Fue cuando la doctora llamó a mi esposo y le dijo: "¡Infelizmente, el estado de salud de su hija es gravísimo! Ella tiene coágulos en gran parte del cerebro y fue diagnosticada con leucemia aguda, extremadamente agresiva. Está siendo entubada y quedará en coma inducido, pues si hacemos una

---

[1] Reneta Ariane Costa Matheus es pastora de la Comunidad Evangélica Restaurar en Bauru, São Paulo.

cirugía para drenar la sangre, puede tener una hemorragia interna y fallecer en el quirófano".

Los médicos no podían hacer nada, solo el Médico de los médicos, y era en Él que depositaríamos nuestra fe y confianza. Comenzamos, entonces, nuestra lucha de oración, creyendo y declarando palabras de sanidad sobre nuestra hija. Fueron días interminables de mucho dolor. Rebeca parecía estar dormida, y aun sabiendo que su estado de salud se agravaba, no perdíamos la fe. Yo decía en todo momento: "¡Creo hasta el fin!"

Cada vez que la visitábamos, recibíamos noticias peores: el riñón parando, las plaquetas no subían, y así fueron pasando los días 7, 8, 9… hasta que en el día 10, lunes, entramos a verla. Cerramos la cortina y comenzamos a guerrear y llorar declarando el milagro. De repente mi esposo dijo: "Amor, es hora de que hagamos la entrega". Yo respondí: "¿Cómo así? ¡No lo acepto!" Él insistió: "¡Vino de Él! Como Abraham entregó a Isaac".

Entonces, oramos y dijimos: "Sea hecha tu voluntad. Te entregamos a nuestra hija". Nosotros entregamos a nuestra primogénita a Dios y nos fuimos. Al día siguiente, 11 de septiembre de 2018, volvimos al hospital en el mismo horario de costumbre de las visitas y, cuando llegamos, fuimos llamados a una sala. En aquel instante, yo todavía creía que los médicos me dirían que había sucedido un milagro. Sin embargo, cuando llegamos a esa sala, estaban presentes el psicólogo del hospital, el capellán y el médico. Ellos nos dieron la noticia de que nuestra princesa había partido. ¡Yo no lo quería creer! Fueron cuatro días de mucho lloro y clamor en aquel hospital. Nosotros habíamos orado y cantado en el estacionamiento del hospital en los dos periodos de visitas (mañana y tarde), más de doscientas personas, entre hermanos, amigos y familiares, fuera de los demás en la ciudad de Bauru, en los Estados e incluso fuera de Brasil. La iglesia del Señor se había unido para clamar al Señor.

Al recibir aquella triste noticia pensé: ¿Cómo salir de allí y hablar a todos que Dios había recogido la más bella flor para su jardín, mi hija? ¡Qué sentimiento de derrota!

¡Habíamos perdido tanto! Clamamos con tanta fe, incluso ayunamos, y parecía haber sido en vano. El sentimiento era de total frustración. Sin embargo, fuimos al regazo de Dios, de donde vendría nuestro consuelo. Solamente él podía socorrernos. ¡Él respondió dándonos su gracia y su fuerza! El velorio de Rebeca golpeó la ciudad de Bauru y regiones circunvecinas. Pasaron más de diez mil personas por allí, entre estas muchos jóvenes y adolescentes que estaban apartados del Señor y se reconciliaron. Dios trajo un despertar en medio de ellos. El entierro de ella fue como el de una princesa. Recibió más de cincuenta coronas de flores de todas las iglesias y denominaciones de Bauru. El cortejo fúnebre fue acompañado por la Policía Militar, por el Cuerpo de Bomberos y por el Gobernador. Fueron días difíciles, ¡muy difíciles!

El domingo siguiente, día 16, de aquella misma semana, fuimos al culto. Sí, fuimos a buscar sanidad en el altar, en el mismo lugar donde velamos a nuestra hija, porque aquel no sería para siempre un lugar de muerte. Aquel sería para nosotros un lugar de vida. Fuimos para adorar al Señor, porque nos apegamos a su Palabra que nos dice: *Y sabemos que a los que aman a Dios, todas las cosas les ayudan a bien, esto es, a los que conforme a su propósito son llamados* (Rom 8.28). Lo difícil fue continuar creyendo… Lo difícil fue predicar milagros, fe y sanidad divina, cuando el milagro no sucedió para nosotros. no fue fácil levantarse y continuar adorando al Señor Jesús en medio de las cenizas y el luto.

Después de 23 días de la partida de nuestra princesa Rebeca, teníamos una conferencia de mujeres por realizar. Decidimos no cancelar, porque vimos que Dios tenía un propósito en eso también.

El tema era Mujeres Perlas. Junto conmigo, la predicadora invitada sería Eyshila. ¡Solo Dios sabe el dolor que estábamos sintiendo!

El tema fue profético: *Las perlas son producidas en el dolor*. Estábamos allí como testimonios vivos del milagro, el milagro que nosotras éramos. Estábamos juntas, extrayendo lo mejor de Dios. Sus perlas, en medio de nuestro dolor. Fue demasiado fuerte lo que Dios hizo en aquella conferencia, en la cual más de cuatro mil mujeres fueron impactadas con la gloria del Señor Jesús. Nosotras cantamos, ministramos, profetizamos en medio del dolor, todo eso porque comprendimos que el altar es el lugar de restauración para nuestra vida, lugar donde somos sanadas para sanar. ¡Henos aquí, Señor!

¡Es necesario entregarse y confiar!

El día de la conferencia lancé un libro que ya estaba escribiendo hacía unos años: *Produce tus perlas: mente sanada, mujer transformada*. Lo que yo no imaginaba era que sería un proceso tan doloroso. La partida de mi hija produjo una perla en mí. Crea en los sueños de Dios para usted. Crea en las promesas del Señor y no renuncie a lo que Dios tiene para su vida. ¡Aun en medio de las pérdidas, levántese! ¡Deje que Dios sane sus heridas y cambie sus cenizas por una corona de gloria! ¡Deje que Dios derrame oleo de alegría sobre su llanto!

No digo que ha sido fácil, pero decidimos no parar frente a los desafíos:

- Nostalgia
- Recuerdos
- Dolores
- Vacío
- Conflictos.

El luto es demasiado difícil, pero nos hemos levantado y continuado. Decidimos no parar. Vamos a proseguir produciendo perlas. El cielo es nuestro límite.

RENATA ARIANE COSTA MATHEUS

Confieso que, cuando supe lo que había sucedido en la vida de la pastora Renata, pensé en cancelar mi ida. ¡Tuve tanto miedo de revivir aquel dolor! Sin embargo, después de orar y tener paz, decidí continuar con el compromiso. Fue muy difícil ver la tristeza estampada en el rostro de aquel padre, devastado por la nostalgia. Fue duro abrazar a aquella madre, una mujer tan especial, y tener que detener mi propio llanto, porque yo conocía bien el tamaño de aquella pérdida. Aún recuerdo la palabra que Dios ministró a mi corazón aquella noche, como fuente de sanidad para aquella iglesia que, aunque era tan poderosa, estaba sufriendo junto a aquella familia el dolor de esa despedida inesperada y precoz. Quiero compartir algunos de sus puntos con usted. ¿Meditamos en la palabra?

> *Pasadas estas cosas, aconteció que los hijos de Moab y de Amón, y con ellos otros de los amonitas, vinieron contra Josafat a la guerra. Y acudieron algunos y dieron aviso a Josafat, diciendo: Contra ti viene una gran multitud del otro lado del mar, y de Siria; y he aquí están en Hazezon-tamar, que es En-gadi. Entonces él tuvo temor; y Josafat humilló su rostro para consultar a Jehová, e hizo pregonar ayuno a todo Judá. Y se reunieron los de Judá para pedir socorro a Jehová; y también de todas las ciudades de Judá vinieron a pedir ayuda a Jehová. Entonces Josafat se puso en pie en la asamblea de Judá y de Jerusalén, en la casa de Jehová, delante del atrio nuevo; y dijo: Jehová Dios de nuestros padres, ¿no eres tú Dios en los cielos, y tienes dominio sobre todos los reinos de las naciones? ¿No está en tu mano tal fuerza y poder, que no hay quien te resista? Dios nuestro, ¿no echaste tú los moradores de esta tierra delante de tu pueblo Israel, y la diste a la descendencia de Abraham tu amigo para siempre? Y ellos han habitado en ella, y te han edificado en ella santuario a tu nombre, diciendo: Si mal viniere sobre nosotros, o espada de castigo, o pestilencia, o hambre, nos presentaremos delante de esta casa, y delante de ti (porque tu nombre está en esta casa), y a causa de nuestras tribulaciones clamaremos a ti, y tú nos oirás y salvarás. Ahora, pues, he aquí los hijos de Amón y de Moab, y los del monte de Seir, a cuya tierra no quisiste que pasase Israel cuando venía de la tierra de Egipto, sino que se apartase de ellos, y no los destruyese; he aquí ellos nos dan el pago viniendo a arrojarnos de la heredad que tú nos diste en posesión. ¡Oh Dios nuestro! ¿no los juzgarás tú? Porque en nosotros no hay fuerza contra tan grande multitud que viene contra nosotros; no sabemos qué hacer, y a ti volvemos nuestros ojos* (2Cr 20.1-12).

Muchas de nuestras batallas aparecen en el escenario de nuestra existencia exactamente así: de forma inesperada. Sin avisar, llegan y amenazan nuestra paz, nuestra tranquilidad y nuestra felicidad. Son batallas que no quitan el equilibrio y nos dejan devastados y temerosos. ¿Cómo luchar con algo aparentemente más poderoso? ¿Cómo lidiar con lo desconocido? El rey Josafat se sintió así: con miedo, inseguro y confundido. Lo inesperado había llegado. Un episodio que comprometería no solamente su vida, sino la vida de todos los que estaban detrás de las puertas de aquella fortaleza. Camino a Judá estaban tres ejércitos humanamente más poderosos, potentes y preparados. No había esperanza alguna, humanamente hablando.

En medio de ese caos, Josafat encuentra su lugar en Dios. Vamos a recorrer los lugares espirituales por donde él transitó.

1. Lugar de quebrantamiento y dependencia

Si existe algo que necesitamos aprender en la hora de la batalla es a llorar en el lugar correcto. El altar del Señor es ese lugar donde nuestras lágrimas jamás se perderán. ¡El lloro es un recurso emocional tan poderoso que Dios nos entregó a nosotros, seres humanos, sus hijos! Necesitamos usarlo de la manera correcta. Llorar por llorar no vale la pena. Nuestras lágrimas necesitan un destino: el altar. Quien está sufriendo, con miedo, sintiendo dolor, frente a las amenazas de muerte y en medio de una gran adversidad puede y debe llorar, pero tiene que hacerlo en el altar, en la presencia de Dios.

> *Si existe algo que necesitamos aprender en la hora de la batalla es a llorar en el lugar correcto.*

La pastora Renata no buscó el altar del Señor en vano. Ella fue conducida por el Espíritu Santo. Con el corazón quebrantado y contrito delante del Señor, ella y su esposo reconocieron que el luto sería una batalla demasiado grande para ser enfrentada en otro lugar que no fuera la presencia de Dios. El altar no es una cámara de tortura; es nuestro refugio, un lugar de sanidad. Cuando lloramos en la presencia de Dios, él nos conduce en el camino de la superación y nos da estrategias eficaces de guerra, para que alcancemos la victoria que deseamos.

Renata necesitaba vencer el dolor devastador del luto. ¿Cuál es su batalla? Todo aquello que se presenta delante de nosotros con un tono amenazador, con apariencia de devastación inminente e infinitamente mayor de lo que podemos soportar, es nuestra batalla. Todos enfrentarán las suyas. Ni siquiera los más poderosos están inmunes.

Josafat no era un rey cualquiera. Aunque su ejército contaba con más de un millón de soldados, no se equiparaba a los tres reinos que estaban gritando fuera de las puertas. Hay momentos que nuestros recursos, por más poderosos que sean, no son suficientes. Hay momentos en que nuestra teología no es suficiente. Hay ocasiones cuando nuestros argumentos no vencen. Todo lo que nos queda es el quebrantamiento, ese lugar donde bajamos las armas y buscamos a Dios. Renunciamos a todo lo que pensamos ser y nos rendimos frente a Aquel que tiene todo el poder. En ese lugar comprendemos que Dios está al control, no nosotros. ahora estamos listos para oír su voz.

2. Lugar de unidad y comunión

Personas de todos los lugares se reunieron para pedir ayuda al Señor... Es increíble cómo una batalla puede unir personas en favor de una causa. Tanto en la historia de Renata como en la mía, centenas de personas diariamente se reunían en el hospital para clamar por la sanidad divina. Millares de personas esparcidas por Brasil y otras naciones también oraron.

"Ninguna oración se perdió. Ninguno oró en vano. Cuando Dios no atiende una oración, Él cambia el corazón".

A la hora del dolor, necesitamos esa reunión. Conversaciones alrededor de la mesa, oraciones con las manos apretadas, abrazos que sanan, todo eso es esencial en momentos de crisis y batalla personal. Sea cual sea la lucha, se hace más tenue si la enfrentamos en unidad con nuestros hermanos. No debemos aislarnos a la hora del dolor. Necesitamos de amigos que nos alienten, nos levanten y nos animen. Noemí tuvo su Rut, David tuvo su Jonatán, Pablo tuvo su Silas, Moisés tuvo su Josué. Elías tuvo su Eliseo. María tuvo su Elisabet. Usted no tiene pasar por eso sola.

> *No debemos aislarnos en la hora del dolor. Necesitamos de amigos que nos alienten, nos levanten y nos animen.*

> ¡Mirad cuán bueno y cuán delicioso es Habitar los hermanos juntos en armonía! (Sal 13.1).

Josafat percibió que aquella sería una batalla vencida en unidad. Entonces convocó al pueblo. Cada uno tiene su pueblo y sabe exactamente con quién puede contar en la hora de la angustia. En la antigüedad, los escudos usados en las batallas tenían encajes para que los soldados pudieran unirse cuando la batalla se intensificaba. Nunca somos tan poderosos como cuando somos "nosotros". ¡Ah, los abrazos que sanan! ¡Cuán bienvenidos son a la hora del dolor! Cuando estamos cerca de las personas correctas, nos sentimos animadas a seguir adelante. Las amenazas, otrora paralizantes, se hacen resortes propulsores que nos dirigen al milagro. En la comunión, Dios ordena la bendición. Jesús declaró que estaría presente en el mismo lugar donde dos o tres personas estuvieran reunidas en su nombre. Hay poder en la oración en acuerdo. Hay poder en la unidad de los miembros del cuerpo.

He viajado por Brasil y fuera de Brasil y he visto el poder de la unidad de las mujeres. Ellas se han levantado como guerreras, promovido congresos, defendido causas nobles, cumpliendo el "id" de Jesús. ¡Cuán poderoso es participar en eventos liderados por mujeres unidas! ¿Quién dijo que ellas no están sufriendo, detrás de aquel maquillaje, de los bellos vestidos y de los saltos altísimos? Ellas sufren, pero avanzan. Así como la pastora Renata, que en medio de su luto encontró fuerzas para reunir a más de cuatro mil mujeres en una conferencia profética, muchas han superado sus propios dolores y encontrado sanidad en esa unidad proporcionada por la reunión del pueblo de Dios.

Recientemente participé en un congreso en Bruselas con la querida pastora Helena Tanure y pude ver mujeres de diversos países, mujeres arriba de sus dolores y crisis, mujeres unidas adorando al Señor. Solo la eternidad dirá el impacto que eso causó en el mundo espiritual. ¡Al momento de la batalla, no se aísle! Dios preparó amigos para que se unan a usted en esta lucha contra el enemigo. Intercesores, hombros amigos, oídos que están listos a escuchar su desahogo. Necesitamos ese lugar de unidad y comunión en la presencia del Padre.

3. Lugar de oración

Jesús oró con el pueblo. Jesús nos enseñó a orar solos, en el cuarto, con la puerta cerrada. Solo puede orar públicamente quien ya está habituado a hacerlo secretamente. Nuestras oraciones públicas son ineficientes si no conocemos el camino de cuarto secreto, a solas con Dios.

> *Mas tú, cuando ores, entra en tu aposento, y cerrada la puerta, ora a tu Padre que está en secreto; y tu Padre que ve en lo secreto te recompensará en público* (Mt 6.6).

Josafat oró con el pueblo porque ya estaba acostumbrado a estar con Dios a solas. Se puso en pie frente a la congregación porque ya estaba habituado a colocarse de rodillas delante del Señor en secreto.

Necesitamos comprender que nuestras batallas jamás serán ganadas sin oración.

Necesitamos comprender que nuestras batallas jamás serán ganadas sin oración. Sea públicamente o en secreto, en voz alta o con gemidos indecibles, no podremos manejar la situación si no oramos. La oración es nuestra conexión con Dios. A través de la Palabra, Dios habla con nosotros. cuando oramos, nosotros hablamos con Dios. Él sabe qué necesitamos antes que abramos la boca, aun así, nos incentiva a pedir, buscar y llamar.

> *Pedid, y se os dará; buscad, y hallaréis; llamad, y se os abrirá. Porque todo aquel que pide, recibe; y el que busca, halla; y al que llama, se le abrirá* (Mt 7.7-8).

La oración, además de servir para comunicar a Dios nuestros pedidos (aunque él ya sepa cuáles son), sirve para que Dios nos recuerde cuán limitados somos. Orar no es simplemente sobre hablar de nuestros problemas, sino sobre conectarnos con el Todopoderoso, Aquel que está por encima de todo y de todos. Aquel que jamás perdió una batalla. Cuando oramos, nuestro enfoque cambia. Josafat, al orar, comenzó enalteciendo la grandeza de Dios, proclamando su poder y sus obras. Cuando reconocemos la grandeza de nuestro Dios, nuestras batallas personales disminuyen de tamaño. Los ojos que ven la grandeza y el poder de Dios no logran encarar la batalla bajo la perspectiva del miedo y de la cobardía. Eso es lo que la oración hace: nos muestra que no existen batallas invencibles si estamos frente al Dios verdadero. Por eso, en la hora de nuestras batallas personales es esencial que encontremos nuestro lugar de oración.

> *Orando en todo tiempo con toda oración y súplica en el Espíritu, y velando en ello con toda perseverancia y súplica por todos los santos* (Ef 6.18).

Encontré mi lugar de oración dentro de mi *closet*, en el apartamento donde vivía en Río de Janeiro. El suelo estaba inundado con mis lágrimas. Éramos yo, mi Dios y mi *playlist* de canciones de oración. Cuando yo salía del *closet*, siempre había alguien afuera esperándome para que oráramos juntos. Aquel apartamento se transformó en un "entra y sale" de gente dispuesta a unirse a nosotros con un propósito: orar por superar y sanar el dolor. ¡Y cómo aquellas oraciones fueron respondidas!

Hasta hoy la respuesta de Dios nos mantiene en pie. Al momento del dolor, del luto, de las pérdidas, de las enfermedades, de la devastación causada por los fracasos del camino, necesitamos orar creyendo que Dios domina sobre todos los reinos, y que en su mano están la fuerza y el poder. No estamos dirigiéndonos a cualquier persona. Él es el único Dios. No hay batalla que Él no haya vencido ya en la cruz del calvario.

4. Lugar de buenos recuerdos

En medio de una amenaza de muerte, Josafat comenzó a traer a la memoria aquello que Dios había realizado en el pasado. Mirar hacia el pasado con gratitud es una buena estrategia a la hora de la batalla. El Dios que obró milagros en el pasado es el mismo. Él no ha disminuido en tamaño o poder. Josafat hizo una lista de las obras de Dios y se presentó a Él, como si recordara. Es así mismo que se honra. Decimos a Dios aquello que, en realidad, nosotros necesitamos recordar.

Los buenos recuerdos no existen para aprisionarnos al pasado, sino para probar que el Dios que actuó en el pasado es el mismo que tiene poder para hacer cosas infinitamente más impactantes y poderosas en el futuro. Traer a la memoria un pasado de victoria nos da esperanza para encarar un futuro de gloria. No es saludable quedarse aprisionado a la nostalgia, como si lo que pasó fuera todo lo que tuvimos de bueno, no quedando nada más. Dios todavía tiene mucho más que ofrecernos en el futuro. Buenos recuerdo sirven para traernos esperanza.

El apóstol Pablo nos enseña en su carta a los Romanos el siguiente principio:

> *Y no sólo esto, sino que también nos gloriamos en las tribulaciones, sabiendo que la tribulación produce paciencia; y la paciencia, prueba; y la prueba, esperanza* (Rom 5.3-4).

Podemos alegrarnos incluso en medio de las peores batallas personales, sabiendo que nos hacen recorrer un camino que nos lleva a la esperanza. La esperanza debe ser el destino de quien sufre, no el desespero. Para eso existe ese lugar de buenos recuerdo: para darnos esperanza.

En esa búsqueda de esperanza, vale sonreír viendo fotos, contando los eventos que nos marcaron, sintiendo el aroma de la ropa que todavía queda. Vale recordar los buenos momentos, vale incluso llorar, pero no vale parar. Tampoco vale dejarse aprisionar por los recuerdos. Estos existen para mostrarnos quiénes somos y que las personas que partieron siempre serán para nosotros. Los buenos recuerdos no deben someternos ni aprisionarnos al pasado. El Dios de los buenos recuerdo también es el Dios de un glorioso futuro.

... clamaremos a ti, y tú nos oirás y salvarás (2Cr 20.9b).

5. Lugar de lucidez

Una persona lúcida es aquella que tiene la capacidad de comprender y expresar con claridad lo que pasa en su vida y en medio de lo que vive. En la psiquiatría, la lucidez llega a ser definida como "período de sanidad percibido entre momentos de confusión mental". Percibo que algunas batallas llegan a nuestras vidas para robarnos completamente nuestro sentido de la realidad. Quedamos aturdidos, perdidos y sin dirección. Pero hay un lugar de lucidez y sensatez en la presencia del Señor. Un lugar donde incluso aquello que no tiene el menor sentido asume forma de bendición, revelándonos la grandeza y el amor de ese Dios que no está aturdido, equivocado o engañado en sus decisiones. Es en ese lugar donde tenemos una nítida compresión de los hechos, aunque no siempre somos comprendidos. Es en ese lugar donde las personas no logran descifrar nuestros gemidos indecibles, pero Dios nos revela su corazón. Es allí donde nuestra alma se hace transparente. Además, lúcido también es todo aquello que permite el paso de la luz.

Que haya luz sobre su dolor. Que haya luz sobre el lloro, sobre el miedo, sobre las pérdidas, sobre la enfermedad, sobre la nostalgia, sobre la inseguridad, sobre los pecados no confesados, sobre la angustia, sobre la amargura, sobre el luto, sobre la frustración, sobre la devastación... ¡Haya luz!

> *Dios soporta nuestra lucidez. Él desea que su luz nos atraviese por completo y termine con la oscuridad que insiste en cercarnos.*

El rey Josafat estaba completamente lúcido con respecto a su batalla y de la fuerza de sus enemigos. Él los presentó a Dios de la siguiente manera: "Aquellos que perdonamos cuando salimos de Egipto, aquellos a quienes no destruimos, ellos mismos nos devuelven bien con mal. Quieren robar nuestra herencia y expulsarnos de nuestra tierra". El enemigo viene para robar todo. Uno de sus adjetivos es "ladrón". Él quiere usar las batallas para devastarnos completamente, sin que nos quede nada.

> *Mas gracias sean dadas a Dios, que nos da la victoria por medio de nuestro Señor Jesucristo* (1Cor 15.57).

Cuando encontramos ese lugar de lucidez en medio de la guerra, conseguimos discernir la dureza del enemigo sin perder la percepción de la grandeza de nuestro Dios.

> *Antes, en todas estas cosas somos más que vencedores por medio de aquel que nos amó* (Rom 8.37).

> *Porque todo lo que es nacido de Dios vence al mundo; y esta es la victoria que ha vencido al mundo, nuestra fe* (1Jn 5.4).

Las batallas hacen parte de la vida. Tendremos que enfrentarlas mientras estemos viviendo en este mundo. La voluntad de Dios es que estemos sobrias, lúcidas, vigilantes y conscientes de la batalla, sin permitir, no obstante, que esa lucidez quite nuestro enfoque del poder y la soberanía de Dios.

Existe un lugar de lucidez donde Dios nos muestra el peligro inminente, pero en ese mismo lugar él nos revela que estamos en él, y quién es él para nosotros. estar lúcida en medio de mi guerra contra la muerte de mi hijo me ayudó a ser consciente del peligro de muerte que yo también corría. Muerte de mis sueños, de mi familia, de las promesas de Dios para mí, de mi matrimonio y de mis demás relaciones. Eso es lo que sucede cuando la muerte llega: quiere llevarse todo lo que tenemos. Es en ese lugar de lucidez que percibimos toda la verdad sobre la batalla que se traba y somos fortalecidos por la Palabra. La poderosa Palabra de Dios trae luz a nuestra oscuridad y paz a nuestro corazón. Estar lúcida es estar consciente sin atemorizarse. Es tener noción de la dimensión de la batalla sin entregarse. Es saber con qué estamos luchando, sin perder la percepción del Dios que está al frente de todo, peleando por nosotros.

¡Asuma su lugar de lucidez en esa batalla, mujer! Usted no fue llamada para vivir alienada e indiferente. Despierte, usted que duerme. Es en ese lugar de lucidez que Dios va a renovar su mente y prepararla para grandes conquistas.

7. Lugar de victoria antes del fin de la batalla

Existe un lugar de victoria en Dios que es innegociable y no necesita de hechos concretos para existir. Simplemente está allí, en la vida de quien cree. Ese lugar existe a pesar de toda y cualquier circunstancia.

> *¡Oh Dios nuestro! ¿no los juzgarás tú? Porque en nosotros no hay fuerza contra tan grande multitud que viene contra nosotros; no sabemos qué hacer, y a ti volvemos nuestros ojos* (2Cr 20.12).

Cuando declaró que no poseía recursos para enfrentar aquel ejército, Josafat estaba siendo lúcido. Cuando confesó que no sabía qué hacer, estaba siendo transparente. Sin embargo, en el momento en que declaró que sus ojos estaban puestos en Dios, fue victorioso.

Nuestras batallas no son ganadas solo cuando visualizamos el ejército enemigo caído en el suelo, sino cuando consideramos al Dios que tiene toda la honra, toda la gloria, todo el poder y todos los ejércitos de la tierra en sus manos.

En el momento exacto en que ponemos nuestros ojos en Dios, nuestras batallas son vencidas en el mundo espiritual.

Moisés venció a Faraón en el mismo instante en que tomó la serpiente por la cola y se transformó nuevamente en una vara, la misma que levantaría al cielo cuando extendía la otra mano en dirección al mar — el mismo mar que se abrió para que los hijos de Israel pasaran con pies secos y que se cerrara sobre los ejércitos de Faraón.

Noé venció el diluvio en el momento en que tomó el primer pedazo de madera para construir el arca. Ana venció la esterilidad en el momento en que derramó la primera lágrima en el templo de su Dios. Jesús venció a Satanás mucho antes de la fundación del mundo.

> *Pablo, apóstol de Jesucristo por la voluntad de Dios, a los santos y fieles en Cristo Jesús que están en Efeso: Gracia y paz a vosotros, de Dios nuestro Padre y del Señor Jesucristo. Bendito sea el Dios y Padre de nuestro Señor Jesucristo, que nos bendijo con toda bendición espiritual en los lugares celestiales en Cristo, según nos escogió en él antes de la fundación del mundo, para que fuésemos santos y sin mancha delante de él, en amor habiéndonos predestinado para ser adoptados hijos suyos por medio de Jesucristo, según el puro afecto de su voluntad (Ef 1.1-5).*

El final de cada batalla ya está decidido en la eternidad. El desenlace es este: "El Cordero venció". Si él venció, nosotros también vencemos con él.

> *Sabiendo que fuisteis rescatados de vuestra vana manera de vivir, la cual recibisteis de vuestros padres, no con cosas corruptibles, como oro o plata, sino con la sangre preciosa de Cristo, como de un cordero sin mancha y sin contaminación, ya destinado desde antes de la fundación del mundo, pero manifestado en los postreros tiempos por amor de vosotros, y mediante el cual creéis en Dios, quien le resucitó de los muertos y le ha dado gloria, para que vuestra fe y esperanza sean en Dios (1P 1.18-21).*

Jesús resolvió completamente el problema del miedo, del dolor, de la amargura, del luto, del pecado, de la vergüenza, de la soledad. Jesús venció cada una de nuestras batallas incluso antes que llegaran de forma inesperada y golpearan a nuestra puerta, así como sucedió en la vida del rey Josafat.

El desenlace de esa historia no podía haber sido más glorioso. El Espíritu del Señor descendió en medio de la congregación sobre un profeta llamado Jahaziel (su nombre quiere decir "observado por Dios"). Jahaziel fue el portador de las buenas noticias de Dios para aquel pueblo atemorizado.

> *Y dijo: Oíd, Judá todo, y vosotros moradores de Jerusalén, y tú, rey Josafat. Jehová os dice así: No temáis ni os amedrentéis delante de esta multitud tan grande, porque no es vuestra la guerra, sino de Dios. Mañana descenderéis contra ellos; he aquí que ellos subirán por la cuesta de Sis, y los hallaréis junto al arroyo, antes del desierto de Jeruel. No habrá para qué peleéis vosotros en este caso; paraos, estad quietos, y ved la salvación de Jehová con vosotros. Oh Judá y Jerusalén, no temáis ni desmayéis; salid mañana contra ellos, porque Jehová estará con vosotros (2Cr 20.15-17).*

Cuando Josafat oyó esta palabra, él y todo Judá se postraron adorando al Señor. Los levitas prepararon una alabanza y comenzaron a cantar muy alto, en ritmo de fiesta y celebración. Ellos se levantaron bien temprano y salieron en dirección al desierto de Tecoa. Sí, porque cuando encontramos nuestro lugar de victoria, ni siquiera los peores desiertos pueden amenazarnos. Yo comencé a cantar nuevas canciones para Dios incluso antes de vencer el luto. ¡Y cómo deseaba vencerlo! ¡Cuántas amenazas de muerte sufrí! Cuántas veces pensé que no soportaría tanta nostalgia. Hasta que encontré mi lugar de victoria en medio del dolor.

No es escondida entre cuatro paredes que se vence una batalla, sino partiendo hacia la guerra. El rey Josafat, movido por su fe en el Señor, congregó al pueblo para darle una palabra de ánimo que sirve para nosotros hasta los días de hoy:

> ... *Oídme, Judá y moradores de Jerusalén. Creed en Jehová vuestro Dios, y estaréis seguros; creed a sus profetas, y seréis prosperados. Y habido consejo con el pueblo, puso a algunos que cantasen y alabasen a Jehová, vestidos de ornamentos sagrados, mientras salía la gente armada, y que dijesen: Glorificad a Jehová, porque su misericordia es para siempre* (2Cr 20.20b-21).

Los victoriosos se mueven al compás del cielo. El cielo confirma la actitud de fe de aquellos que confían en los métodos del Señor. En el momento en que comenzaron a adorar al Señor "con júbilo", Dios colocó emboscadas contra los hijos de Amón, de Moab y de las montañas de Seir. Los enemigos aparentemente invencibles de Judá fueron completamente desbaratados, derrotados, desordenados. Ellos se destruyeron a sí mismos.

> *Y luego que vino Judá a la torre del desierto, miraron hacia la multitud, y he aquí yacían ellos en tierra muertos, pues ninguno había escapado* (2Cr 20.24).

Cada vez que una batalla se traba contra nosotros, el infierno se llena de expectativa por nuestra derrota. Nos corresponde asumir nuestro lugar de victoria incluso antes que se haga visible. Fuimos llamadas para frustrar todas las expectativas del diablo.

Cuando el enemigo encuentra a una mujer de fe, ya desconfía de su victoria y trata de encontrar una estrategia para minar sus fuerzas. Si hasta el infierno cree que somos enemigas en potencial, ¿por qué no lo creeríamos nosotras mismas? Una mujer de fe que se levanta victoriosa sobre el miedo, sobre el dolor, sobre la enfermedad y sobre la muerte no necesita de buenas noticias para verse como victoriosa. Ella solo necesita poner sus ojos en Dios y visualizar el reflejo de la victoria. Así como sucedió en la vida de Josafat, veremos todas las expectativas del enemigo arrojadas al suelo. Ninguna estratagema de Satanás puede prevalecer frente a una mujer de fe, que encuentra su lugar de victoria en medio de la batalla, antes que haya vencido. Nuestras batallas pueden incluso comenzar con lágrimas, con miedo y con lloro, pero lo mejor de Dios ya está en camino. Él ya preparó un lugar de victoria para nosotros, aunque la guerra no haya acabado.

> *Y todo Judá y los de Jerusalén, y Josafat a la cabeza de ellos, volvieron para regresar a Jerusalén gozosos, porque Jehová les había dado gozo librándolos de sus enemigos. Y vinieron a Jerusalén con salterios, arpas y trompetas, a la casa de Jehová. Y el pavor de Dios cayó sobre todos los reinos de aquella tierra, cuando oyeron que Jehová había peleado contra los enemigos de Israel* (2Cr 20.27-29).

Y hubo paz... Habrá paz antes, durante y después de cada batalla que se traba contra nosotros. habrá paz a pesar de las guerras. Las batallas no van a cesar mientras estemos de este lado de la eternidad, pero siempre habrá para nosotros ese lugar de victoria que nos garantiza paz, la paz que supera todo entendimiento, que no necesita motivos para existir. Esa paz tiene nombre: Jesús.

En cuanto la pastora Renata, ella sigue al frente, en su lugar innegociable de victoria. Continúa produciendo perlas en medio del luto, de las lágrimas y de la nostalgia. Su iglesia dobló de tamaño. Su matrimonio está más firme que nunca. Ella sigue hacia el frente, al lado del pastor Delton, su esposo tan amado. Su ministerio ha sido una inspiración, tanto en Bauru como en las demás ciudades de Brasil. Ella decidió colocar sus ojos en Dios, y eso ha hecho toda la diferencia en su trayectoria.

Existe una canción muy linda que me fue enviada por una amiga en el tiempo más difícil de mis más recientes batallas. Es de autoría de la querida Heloísa Rosa y también fue interpretada por ella en uno de sus albúmenes. Está en mi *playlist* personal de oración. Me gustaría invitarla a reflexionar en esta letra mientras descubre su propio lugar en la batalla de su existencia.

> *Hay un lugar de descanso en ti*
> *Hay un lugar de refugio en ti*
> *Hay un lugar donde la verdad reina*
> *Ese lugar está en el Señor*
> *Hay un lugar donde las personas no en influencian*
> *Hay un lugar donde oigo tu Espíritu*
> *Hay un lugar de victoria en medio de la guerra, ese lugar está en el Señor.*

Ese lugar está en el Señor
Ese lugar está en el Señor
Ese lugar está en el Señor
Ese lugar está en el Señor

Hay un lugar donde la inconstancia no me domina
Hay un lugar donde mi fe es fortalecida
Hay un lugar donde la paz en quien gobierna
Ese lugar está en el Señor
Hay un lugar donde los sueños no se abortan
Hay un lugar donde el temor no me endurece
Hay un lugar que cuando se pierde es que se gana
Ese lugar está en el Señor

Tú eres todo lo que yo necesito, Jesús.

HELOÍSA ROSA, *Hay un lugar*[2]

¡No pare, mujer de fe! Ocupe su lugar. Existe y solamente suyo. No renuncie a su posición en esa batalla. Dios cuenta con usted.

Y, hablando de una mujer de fe, traigo un testimonio más, esta vez de Jozyanne[3]:

Existen momentos en nuestra vida en los cuales Dios permite que pasemos por situaciones sorprendentes. Hace más de cinco años, cuando recibí el diagnóstico que tenía una enfermedad autoinmune (lupus), mi vida se puso de cabeza. Como cualquier ser humano normal, yo no estaba preparada psicológicamente para administrar todo aquello: mirar en el espejo y ver el reflejo de alguien que físicamente no parecía ser yo, ser apartada de la convivencia de muchos amigos y de mi iglesia por causa de mi inmunidad baja y los efectos de los medicamentos que sacudían con todo mi sí físico y mi organismo.

¡Pero Dios estaba al control de todo! En el transcurso de aquel tratamiento intenso, el Señor me hizo considerar cosas que, con

---
[2]Del álbum de Heloísa Rosa, *Andando en la luz*, Editora Onerpm, 2006.
[3]Jozyanne es cantante, compositora y escritora.

mi vida ocupada, jamás consideraría. Fue exactamente en ese tiempo que él me mostró que mis expectativas serían muchas veces frustradas. Aún en tratamiento y acompañada por mi médico, después de cuatro meses fui liberada. Mientras continuaba con el uso de los medicamentos, decidí que, en vez de quedarme en casa alimentando mi dolor, porque no estaba totalmente restaurada, volvería a hacer la obra de Dios.

Al ministrar al corazón de las personas, en medio del camino encontré decenas de otras que me dijeron que habían perdido seres queridos con el mismo cuadro en que yo me encontraba, y fue a partir de ahí que percibí que el milagro era yo. La historia parecía un "fin", pero sería solo el comienzo de un nuevo tiempo en mi vida. Dios me hizo crecer y madurar en mi tiempo de dolor, y además pude llevar esperanza a otras personas, diciendo a cada una de ellas: "Si usted está vivo es porque Dios aún tiene algo que realizar a través de su vida. No ponga un punto final en aquello que Dios no ha finalizado. Siga adelante, aunque, en lugar de canciones, solo existan lágrimas. El Consolador, el Espíritu Santo, traducirá cada lágrima en la oración que está dentro suyo. ¡No renuncie! Mañana puede ser el día en que las personas contarán lo que usted representa en sus vidas con su historia de milagro. Las lágrimas de hoy serán el motivo de su alegría de mañana".

JOZYANNE, mi amiga, mujer de fe. *El milagro es Jozy.*

Yo tendría otros innumerables testimonios para compartir para que ustedes sean animadas, edificadas e incentivadas a seguir hacia delante. Infelizmente, no hay espacio en este libro para todos los que llegaron a mis manos. Entonces, quédese con estos que retratan la historia de superación de amigas como Jozy, que conviven íntimamente conmigo, cuya vida me ha inspirado a seguir adelante, por encima de mis dificultades y limitaciones personales.

Cuando miro hacia Jozy y recuerdo el estado en que la encontré el día cuando fui a visitarla con mi hermana Liz Lanne, irreconocible, hinchada, debilitada, sin inmunidad alguna, totalmente sin perspectiva de vida, yo necesito creer que "Dios aún obra milagros". ¿Saben qué hago yo cuando encuentro a una mujer de fe en el camino? Me pego a ella. Yo quiero oír su testimonio y sus consejos. Una palabra de ánimo que sale de la boca de una guerrera de estas vale oro. ¿Usted tiene noción de lo que se pierde frente a un cuadro de enfermedad incurable? Se pierde la perspectiva del futuro, la esperanza, el coraje, la voluntad de luchar, la disposición para continuar. La fe es puesta a prueba, sin duda alguna. Sin embargo, cuando alguien escoge encarar una frustración, sea cual sea, bajo la perspectiva de la fe en ese Dios que, en la mayoría de los casos, no actúa dentro de nuestro manual de conducta, pero sabe bien lo que está haciendo, el resultado, cualquiera que sea, es "victoria".

> *Porque todo lo que es nacido de Dios vence al mundo; y esta es la victoria que ha vencido al mundo, nuestra fe* (1Jn 5.4).

Parafraseando:

> *Esta es la victoria que vence el luto: nuestra fe.*
> *Esta es la victoria que vence las decepciones y frustraciones de la vida: nuestra fe.*
> *Esta es la victoria que vence la nostalgia: nuestra fe.*
> *Esta es la victoria que vence las tempestades: nuestra fe.*
> *Esta es la victoria que vence la enfermedad: nuestra fe.*
> *Esta es la victoria que vence la misma muerte: nuestra fe.*

No estamos, en ninguna circunstancia, lanzadas a nuestra propia suerte. Cuando perdemos el control de la situación, no significa que Dios perdió junto nosotros. Cuando estamos felices, Dios no nos ama más que cuando estamos tristes. El amor de Dios no varía de acuerdo con nuestra condición emocional, física, material o incluso espiritual. Lo que cambia es nuestra conciencia con respecto a ese amor. Esa conciencia es lo que yo también llamo fe, ya que la fe es la certeza de las cosas que se esperan y la convicción de aquellas que todavía no podemos ver con los ojos naturales. El amor de Dios en tiempos de adversidad, el mismo que nos mantiene de pie a pesar de que no conseguimos entender, solo se puede ver con los ojos de la fe.

Es necesario tener fe para verse amada por Dios en medio de las enfermedades como las de Jozyanne y Bianca Toledo; en medio del luto por la hija de 17 años, como sufrió Renata Matheus, o frente a un cuadro de abortos sucesivos y espontáneos, como le sucedió a Fernanda Brum.

Es necesario tener fe para seguir al frente después de haber sido física y emocionalmente abusada, abandonada por el padre, haber querido lidiar con la enfermedad mental de la madre, perder un hijo ya formado en su vientre, haber sido diagnosticada con esterilidad, renunciando, aunque temporalmente, al sueño de engendrar, perder un hermano asesinado y aún así no parar. Andrea Lima no dejó de creer y, por creer, decidió cuidarse. Por causa de su fe en Dios y en sí misma, Andrea vivió el milagro de ser madre. Después de adoptar un bebé, ella quedó embarazada naturalmente dos veces. Además de cuidarse, fue a cuidar de otros, resucitar a los muertos-vivos que estaban rendidos y entregados a sus propios dolores. La fe es una decisión, y Andrea, así como las otras que cité, decidió creer contra la propia esperanza.

Es necesario tener fe para despedirse de una joven mamá que solo vivió 47 años, y aún así cantar en su funeral e inspirar a la familia y los amigos a pensar en la vida en el legado que aquella mujer dejó, en vez de enfocarse solo en la nostalgia que quedó, resignificando todo el dolor.

Vale más la pena tener fe. Aún la ciencia admite esto. La doctora Rosana Alves, la misma que un día superó el luto por la pérdida precoz de su mamá, hoy es una de las neurocientíficas más conocedoras y preparadas que conozco, reconocida incluso en los Estados Unidos por sus habilidades extraordinarias, a través de las cuales recibió su visa de permanencia en aquella nación. Ella nos presentó en este manuscrito una significativa y poderosa contribución a todas las amadas y preciosas mujeres que desean la sanidad a pesar de sus traumas, pero todavía no han hecho uso de un método eficaz. Sigamos juntas, rumbo al momento final de ese camino que recorrimos hasta aquí, y descubramos lo que la ciencia afirma sobre la curación de nuestras emociones a través de la fe. Usted va a quedar impresionada al averiguar que ese método tan maravilloso está al alcance de sus manos. Hágame compañía solo un poquito más y usted lo comprobará con sus ojos naturales y también con los ojos de su corazón.

CAPÍTULO DIECISÉIS

El milagro es usted

Traigo un testimonio más, esta vez de Silvana Peres[1].

Llegué a la casa de Eyshila una mañana de junio de 2017. Hacía menos de un mes que su hijo Matheis había partido de aquí a la eternidad, para estar junto a nuestro Padre. Luego fuimos a su lugar de refugio: ¡su *closet*! Para mí, fue una escena inolvidable ver a aquella madre con la cabeza recostada en la pared, mirando fijamente y con lágrimas escurriendo por el borde de sus ojos; un dolor visible, y yo solo podía llorar a su lado. Mis lágrimas se escurrían en silencio al sentir el dolor de la pérdida de aquella madre. En aquel momento éramos una sola persona con la misma respiración. Nos quedamos allí juntas por algunas horas delante de palabras dolorosas, preguntas y más preguntas como "¿cuándo va a pasar este dolor?", "¿este dolor pasará algún día?", "¿demorará mucho?"

Mi respuesta fue: "Eyshila, un día su dolor va a pasar, debido a su fe y porque y usted desea ser sanada".

Yo estaba frente a una familia de origen constituida. Estaba casada con su esposo Odilon y, junto con él, tenía a su hijo Lucas.

---

[1] Silvana Peres es psicoterapeuta, escritora y pastora en la iglesia Sana Nuestra Tierra.

Además, una mujer con un ministerio que atraía multitudes al encuentro de Jesús; una mujer que en el fondo sabía que Dios transformaría su llanto en cosecha.

La fe de aquella madre era inquebrantable, sin embargo, ella reconocía y aceptaba que necesitaba elaborar las etapas del luto: llorar, hacer rituales[2], reconocer los sueños perdidos, contar historias, llorar la nostalgia, lamentar, hacer despedidas, ser comprendida y acogida. Los rituales del luto pueden obrar en niveles múltiples, facilitando la expresión del sentimiento individual y posibilitando, a los que quedan, recordar y honrar a aquellos que partieron, lidiando con las pérdidas a lo largo del tiempo. Las personas se reúnen para llorar la muerte de forma limitada en el tiempo, proporcionando apoyo mutuo y permitiendo la expresión inicial del dolor. Eso requiere comidas juntos y visitas a fin de impedir un aislamiento disfuncional inmediatamente después de la pérdida.

En 1980, yo cursaba psicología en Goiânia cerca de iniciar una práctica. Pretendía casarme a mediados del mes de julio. Bosco y yo éramos muy apasionados, estábamos viviendo aquel momento que los amantes llaman "yo no puedo vivir sin ti" e, incluso, "tú eres el aire que respiro"; pero parecía que éramos una sola persona en cuerpo, alma y espíritu (hoy yo sé que éramos codependientes en altísimo grado). En febrero de aquel año, mi novio fue asesinado con cinco tiros en la puerta de mi casa, bien a mi lado, debido a una pelea con alguien que se decía su amigo. Quedé angustiada y deprimida por años. Viví el dolor de la injusticia, de la pérdida y de la nostalgia. Todos los días tenía esa pregunta que sonaba dentro de mi: "¿Por qué?"

No tengo como describir la nostalgia y la desesperanza; sentía literalmente un dolor profundo en mi corazón. Yo, con 1,73 metros de altura, llegué a los 53 kilos. La nostalgia me mataba diariamente.

---

[2]En la psicología existen los llamados "rituales familiares", que consisten en hábitos estructurados en el seno de la familia que pueden dar voz a aquello que no logramos comunicar por medio de palabras. Son, por ejemplo, rutinas (como las comidas a la mesa) o la celebración de fechas importantes (como Navidad).

En mi pecho sentía aquel dolor de la angustia de forma desesperada. Al inicio, iba a su tumba casi todos los días. Busqué a Bosco en adivinos, centros espiritistas y, finalmente, con Chico Xavier. Mi vida afectiva se convirtió en un verdadero caos, nada se concretaba y, así, casi me casé más de tres veces. Mis padres, profesores, amigos y parientes ya no sabían cómo ayudarme. Pero había algo que nunca perdí: ¡mi fe en Dios! Hoy sé que busqué de forma equivocada, pero busqué a Dios incansablemente, desesperadamente. Yo quería vivir y quería amar de nuevo.

Dios oyó mi clamor al tocar a mis colegas y amigas, que me llevaron a un grupo terapéutico del cual participé por cinco años. Allí, tuve la oportunidad de hacer un psicodrama de la muerte de Bosco, acompañado de un ritual de despedida, y después fui conducida a una proyección futura; allí encontré una luz, y esa luz era Jesús. Luego mi hermano Silverio Peres se convirtió y comenzó el proceso de conversión en toda mi familia nuclear. Primero mi hermana menor, después mi madre y a continuación mi hermana del medio y yo. Más tarde, uno a uno fuimos consagrados, los cuatro hermanos y nuestros cónyuges, para ser pastores en Sana Nuestra Tierra.

Hoy estoy bien casada, tengo una hija y ejerzo mi profesión atendiendo individuos, familias y parejas; soy psicóloga, terapeuta familiar, profesora de especialización; además de ministrar talleres y seminarios. Estoy en mi ministerio con alegría por servir a Dios, mi familia y el prójimo. Continúo estudiando con la seguridad de que el conocimiento nos hace, cada vez más, personas mejores.

A mediados de 2007, reencontré a la pastora Fernanda Brum y así llegué a ser muy cercana a Eyshila y su hermana Liz Lanne. Algunos años después comencé a atender a Lucas, hijo menor de Eyshila, e invité a su familia a participar de algunas sesiones, tendiendo así el privilegio de conocer a Matheus, su hijo mayor; pude acompañarlos por un tiempo y, de esta forma, nuestro pacto se hizo inquebrantable. En cierto momento, Matheus fue hospitalizado. Fui algunas veces a visitar a la familia en el hospital, hasta que, en una tarde, llegando de una clase, fui inquietada por Dios para ir inmediatamente al hospital. Llegando allá, encontré primero al pastor Odilon, padre de Matheus, que me dio la noticia: "Silvana, mi hijo fue a estar con mi Padre". Una pausa... ¡qué momento tan difícil!

Entré en aquel cuarto y me deparé con un Matheus ya en los brazos del Padre del cielo. Pero ¿y aquí en la tierra? ¿Y las personas que tanto lo amaban? ¿Cómo vivir sin él aquí? En aquel momento entendí haber sido llevada por Dios a aquel lugar para, una vez más, poder contribuir con la familia valiéndome de mi experiencia de luto, tanto personas como en el tiempo de búsquedas correctas y erradas. También pude hacer mi propia despedida. ¡Y cómo fue doloroso para mí perder a Matheus! Tuve que elaborar mi luto como profesional, pero también como persona, pues amaba a aquel joven. Nuestras experiencias positivas y negativas son usadas por Dios con un propósito: edificación de vidas. Y así podemos reconstruir muros derrumbados, llorar con los que lloran, sabiendo que él transformó nuestro llanto en alegría para que consolemos corazones, como está escrito en el libro del profeta Isaías:

El Espíritu de Jehová el Señor está sobre mí, porque me ungió Jehová; me ha enviado a predicar buenas nuevas a los abatidos, a vendar a los quebrantados de corazón, a publicar libertad a los cautivos, y a los presos apertura de la cárcel (Is 61.1).

En aquel cuarto, comenzamos un ritual de entrega y despedida. Necesitamos despedirnos de nuestros seres queridos y no elegir sustituirlos. Tampoco tenemos el derecho de mantener vivo a quien Dios quiso que partiera. Necesitamos asumir la nostalgia de nuestros seres queridos que partieron para la eternidad, a fin librarnos del pasado, para que liberemos el presente y tengamos un futuro verdaderamente libre para nuevas conquistas. Así, todas las culturas poseen rituales para marcar pérdidas profundas, saber lidiar con la tristeza de las familias, facilitando la continuación de la vida después de una pérdida como esa.

La muerte de un hijo joven es una tragedia para toda familia y puede producir un sufrimiento duradero y perturbador. La familia puede experimentar la sensación que fue cometida una injusticia con la vida que se detuvo antes de alcanzar su plenitud. Matheus estaba lleno de potencial, listo a vivenciar los compromisos y las realizaciones de la vida, impedidos ahora por la muerte. El dolor y la culpa por la sobrevivencia podían impedir a los padres y al hermano continuar sus proyectos personales. El sufrimiento de los padres podría persistir por años y el hermano quedar bloqueado en su propio potencial para intentar sustituir al hijo perdido.

Por noches conversamos y lloramos hasta las madrugadas. Cartas fueron escritas, el paso a paso del luto fue siendo vivenciado, aumentando la posibilidad de realinear las relaciones y redistribuir las funciones y papeles de forma que compensara la pérdida que modifica la estructura familiar y generalmente requiere la organización a lo largo del tiempo, con el abordaje de la muerte en sus consecuencias. De esa forma, las familias necesitan estar en equilibrio o en armonía con su pasado, no en una lucha por recuperarlo, escapar de este u olvidarlo.

En este sentido, la psicoterapia nada más es una ayuda para que las familias recuperen su sentido de continuidad y movimiento, desde el pasado en dirección al futuro, haciendo intervenciones clínicas y fortaleciendo a las familias para que vivan su luto y sigan adelante. Con toda nuestra convivencia y experiencia, hoy Eyshila es una gran amiga. Poseemos un vínculo, un pacto, y los vínculos nunca acaban. Las circunstancias pueden dejarnos distantes físicamente por algún momento en nuestras relaciones, pero nuestro vínculo es mayor que cualquier circunstancia, por ser eterno.

Finalizo diciendo que Dios separó a Eyshila para bendecir personas, edificar vidas y contribuir a la superación del dolor.

Con cariño,

Silvana Peres d'Almeida. *El milagro de Silvana.*

El milagro es usted. Escuché esa frase de Dios en el peor momento de mi vida, dentro del hospital, en una Unidad de Cuidado Intensivo, al lado de mi hijo primogénito, mi hijo tan amado, el hijo de mi vientre y de mi amor. Fueron casi dos semanas clamando, orando, ayunando en unidad con la iglesia del Dios vivo esparcida por la tierra, pero la respuesta a nuestras oraciones pareció no combinar con el deseo de nuestros corazones. Al principio, los médicos nos informaron que había un cuadro de muerte encefálica, que es el estado clínico definido por la pérdida completa e irreversible de las funciones encefálicas, consecuencia del detenimiento total de la actividad funcional del cerebro y del tronco encefálico. Desde el punto de vista legal, esa definición de muerte ya es suficiente, aunque para los seres queridos sea inmensamente difícil creer que una persona que aún respira y tiene su ritmo cardiaco normal, aunque sea con ayuda de máquinas, esté de hecho muerta. En la muerte encefálica el cerebro ya no tiene ninguna actividad. Normalmente las muertes cerebrales evolucionan de estados de coma profundos, así como sucedió con nuestro hijo.

Al recibir la noticia, actuamos de acuerdo con nuestra fe: oramos por su resurrección. Oramos y creímos que Dios glorificaría su nombre en la vida de Matheus a través de aquel milagro. Mi certeza era tanta que yo continuaba guardando un suplemento alimenticio que Matheus amaba, para ofrecérselo cuando despertara. Los enfermeros de aquel hospital continuaron haciendo su limpieza todos los días, y yo aprovechaba ese momento para besar y abrazar a mi hijo, ungir su cuerpo y orar por él. Lloré cada lágrima que una madre tiene derecho de llorar por su hijo. Antes que Matheus fuera operado y entrara en coma, la última canción que le canté fue "Espíritu Santo, ora por mí...". Yo cantaba, besaba sus cabellos y su rostro. Mis últimas palabras para él fueron: "Hijo, mamá te ama mucho. ¿Tú me amas?" Él respondió: "Te amo". Entonces le pregunté: "¿Hijo, amas a Jesús?" Él también respondió que sí, ya muy flaco y debilitado por la hemorragia en el cerebro. Una lágrima se escurrió por la orilla de sus ojos, y fue conducido a la sala de cirugía.

De allí en adelante fueron días de muchas lágrimas, mucho clamor, mucha angustia, mucha expectativa, mucha oración, muchos amigos, mucha fe y mucho consuelo. Solamente después de algún tiempo pude percibir que Dios había preparado, en aquel hospital, un ambiente de despedida y, al mismo tiempo, sanidad y amparo para nosotros que quedamos. Dios ya había decidido tomar a nuestro hijo de vuelta para sí y, en su infinita misericordia, nos cercó de amor por todos los lados, para que soportáramos el dolor de aquella devastadora despedida. En la noche anterior al día 14 de junio, habíamos hecho nuestra oración de entrega. Mi esposo y yo decidimos no dormir en el hospital por primera vez, desde que él había sido internado. Aún así yo avisé a los enfermeros y médicos: "Si mi hijo se despierta pidiendo comida, por favor, llámenme inmediatamente. Estaré con el celular en la cabecera de la cama".

Fuimos para casa, nos alimentamos, oramos y cabeceamos hasta el amanecer. Nuestro papel siempre fue creer en el milagro. No fuimos llamados para conformarnos con las tragedias o derrotas de la vida. No fuimos creados para morir o para despedirnos de los que mueren. Somos seres eternos y la muerte es nuestra enemiga. Mi madre había soñado con mi hijo soltándose de todos los instrumentos que lo monitoreaban, levantándose de la cama del hospital y pidiendo comida. Ella se levantó, se durmió y tuvo de nuevo el mismo sueño. Al día siguiente ella decidió que quería ir al hospital porque tenía la certeza de que mi hijo se levantaría de aquel lecho, pediría comida y volvería a nuestro lado, sanado y feliz. Luego comprendimos que el sueño de mi madre no era sobre la vida de Matheus aquí, sino sobre la vida eterna, libre de la meningitis, libre de las convulsiones y libre de aquellos cables de los instrumentos médicos. Mi hijo finalmente fue liberado, se levantó de aquella cama, no para nosotros, sino para Dios.

Pero esto digo, hermanos: que la carne y la sangre no pueden heredar el reino de Dios, ni la corrupción hereda la incorrupción. He aquí, os digo un misterio: No todos dormiremos; pero todos seremos transformados, en un momento, en un abrir y cerrar de ojos, a la final trompeta; porque se tocará la trompeta, y los muertos serán resucitados incorruptibles, y nosotros seremos transformados. Porque es necesario que esto corruptible se vista de incorrupción, y esto mortal se vista de inmortalidad. Y cuando esto corruptible se haya

> *vestido de incorrupción, y esto mortal se haya vestido de inmortalidad, entonces se cumplirá la palabra que está escrita: Sorbida es la muerte en victoria. ¿Dónde está, oh muerte, tu aguijón? ¿Dónde, oh sepulcro, tu victoria? ya que el aguijón de la muerte es el pecado, y el poder del pecado, la ley. Mas gracias sean dadas a Dios, que nos da la victoria por medio de nuestro Señor Jesucristo. Así que, hermanos míos amados, estad firmes y constantes, creciendo en la obra del Señor siempre, sabiendo que vuestro trabajo en el Señor no es en vano* (1Cor 15.50-58).

Matheus se revistió de incorruptibilidad. Él vivió su vida, enfrentó la muerte y aguarda la resurrección. Es eso es que creemos de todo nuestro corazón.

Sin embargo, mientras llega la resurrección, ¿qué hacer con esa nostalgia que lacera el alma? Saber que un día vamos a reencontrarnos con nuestros seres queridos no disminuye ese dolor. ¡Ah, la nostalgia! Descubrí, incluso, que la nostalgia no pasa. Lo que pasa es nuestra fragilidad frente a esta. Nosotros nos hacemos resistentes, persistentes y resilientes, cuando la sometemos a Dios. En ese período oímos muchos "pálpitos", incluso de amigos bienintencionados. En momentos tan insoportables como el luto, lo que menos necesitamos es un pálpito. Explicaciones del tipo "Fue mejor así" o "Dios te libró de un sufrimiento mayor" nunca son adecuadas. Mientras los amigos de Job estuvieron delante de él en silencio, respetando su dolor y sus pérdidas, fueron mucho más útiles que cuando resolvieron abrir la boca y expresar opiniones que no coincidían con la realidad. Lo peor de todo es cuando esas "opiniones" viene empaquetadas en "profecías", que en verdad no sirven para edificar, sin consolar y mucho menos exhortar; más bien, hieren, golpean y confunden todavía más a aquellos que están bajo de un sufrimiento insoportable.

> *Así se sentaron con él en tierra por siete días y siete noches, y ninguno le hablaba palabra, porque veían que su dolor era muy grande* (Job 2.13).

Muchas veces, todo lo que se espera de un amigo a la hora del dolor es que simplemente esté presente. Los abrazos son más bienvenidos que las palabras. Un vaso de agua es mucho más útil que una explicación, principalmente frente a un misterio tan inexplicable como la partida de un joven en la etapa más linda de su vida. En ese momento, quien se dispone a ayudar necesita ser mucho más "oído" que "boca". Necesita estar dispuestos a estar presente sin ser visto, porque la nostalgia es el único huésped, aunque indeseado, que ocupa todos los espacios de la casa. Por algún tiempo la nostalgia fue el centro absoluto de todas nuestras atenciones. Para donde quiera que mirábamos había recuerdos y lágrimas, muchas lágrimas.

Ven a reconstruir mis pedazos
Tú eres el alfarero y yo el vaso
¿Quién soy yo para cuestionar si tú quieres quebrarme?
Si retiras mi aire, yo ni puedo respirar
Entonces oro, lloro a tus pies
Entonces me postro y te adoro porque sé quién eres.

Mi Salvador, mi Señor
Creador, tu presencia es la licencia
Que yo tengo para vivir.
Consolador, Redentor
Nadie puede impedir tus planes
Autor de mi fe
Dueño del aliento que me mantiene
De pie.

Sopla, Espíritu de vida, ven y sopla
Sobre mi casa, ven y sopla
Sobre las familias, ven y sopla
Sobre la iglesia, ven y sopla
Sobre los que no quieren vivir más
Sopla sobre los que acaban de nacer
Sopla sobre los enlutados y heridos
Sobre los enfermos y oprimidos
Ven y sopla, sopla, sopla…

EYSHILA, *Licença pra vida*

Escribí esa canción dos días después del entierro de mi hijo, aún hospedada con mi familia en la casa de los amigos José, Marli y Sarah Nader, sin coraje para entrar en nuestra propia casa y encarar de frente el vacío dejado por la partida de Matheus. Alabamos a Dios por esa familia que siempre nos abrazó en los momentos de mayor dificultad en nuestra vida. Recuerdo que fue allí donde recibí la llamada de mi amada amiga, obispa Sonia Hernandes, que me aconsejó a no permitir que la muerte se llevara nada más allá de aquellos que Dios había autorizado. La muerte no debía llevarse mi matrimonio, mi hijo Lucas, mi salud, mis sueños, mi alegría y mucho menos mi fe. Aquella palabra fue mi combustible durante los siguientes días, aquellos tan terribles e inevitables días que yo, mi esposo, mi hijo, mis padres y hermanos infelizmente viviríamos. Días de encarar y aceptar el hecho de que habría un futuro sin Matheus, por lo menos de este lado de la eternidad.

Antes que volviéramos a casa, donde tendríamos que encarar la ausencia de Matheus, decidir qué hacer con sus pertenencias y asumir nuestra rutina de vida aun delante de tamaño dolor, el Señor me hizo recordar la palabra de consuelo que sopló en mi oído dentro del hospital, después de haber orado por la resurrección de mi hijo, sabiendo de su cuadro de muerte encefálica. Frente a la posibilidad de la partida, recuerdo claramente que le dije a Dios, aunque mirando a Matheus: "Dios, resucita a mi hijo. Si él muere, yo no lo voy a soportar. En ese caso tú vas a tener que resucitarme. Nunca más voy a conseguir sonreír, cantar, componer, ni siquiera respirar. Creo mejor que tú me lleves, porque la vida de una madre que entierra a su hijo no tiene sentido. Jamás voy a recuperarme..."

Esas fueron algunas de las palabras que usé para describirle a Dios la gravedad de mi dolor. Es muy importante que entendamos que, cuando somos sinceras con Dios con respecto a nuestro dolor, nosotras no estamos haciéndole el favor de explicar cuán grave es nuestro problema, sino que estamos concediéndonos a nosotras mismas el chance de expresarnos y, por tanto, escuchar lo que pasa en nuestro interior, a fin de que seamos curadas. No fue Freud quien inventó la sanidad a través de la terapia de la palabra, fue Dios.

Frente a aquel cuadro de dolor, inmersa en mis lágrimas y completamente sin perspectiva de un futuro feliz sin mi hijo, oí la voz de Dios que me decía: "¡Hija, esta vez, el milagro eres tú!"

Yo insistí en mi argumento, diciendo: "Dios, no hace diferencia alguna para ti resucitar a mi hijo o a una madre. ¡Yo voy a morir! Por favor, resucita a mi hijo para mí".

Una vez más sentí fuertemente en mi corazón la confirmación de aquello que ya sabía, pero no quería admitir: Esta vez, yo sería el milagro, no Matheus.

> *A veces, el milagro es quien Dios cura, quien Dios resucita*
> *Sin embargo, algunas veces, el milagro es quien queda.*

Trancada en el cuarto, recordando ese momento tan fuerte en que Dios había echado sobre mí mucho más que una frase de afecto, sino una palabra profética que me sustentaría en todo mi proceso de superación, escribí mi segunda canción, que daría título a mi próximo álbum. Yo ni imaginaba cuántas vidas serían tocadas por el poder de aquella palabra.

> *El dolor no mata*
> *Si Dios está presente*
> *Solo quien camina con él*
> *Entiende el valor*
> *De una lágrima*
> *Derramada en el altar del dolor*
> *Enjugada por las manos del consolador.*
>
> *Si él quiere*
> *Resucita a los muertos*
> *Él hace lo imposible*
> *Todo porque él es Dios*
> *Pero si él no quiere*
> *Que suceda a mi manera*
> *Yo declaro que acepto*
> *Y ahora el milagro soy yo.*

*Yo no voy a parar
Voy a continuar
Adorándote, Dios
El milagro soy yo, soy yo…*

Eyshila, *El milagro soy yo*

A pesar de todo mi dolor, Dios estaba presente, trayendo inspiración, resignificando la tragedia, curando mi herida con nuevas canciones, como él siempre había hecho. Yo no podía guardar solamente para mí aquel momento tan precioso, entonces llamé a mi esposo, mi hijo Lucas y mis amigos, les canté aquellas canciones, oramos, adoramos a Dios juntos y percibimos que había llegado el momento de volver a casa.

"La triste realidad es que muchos no avanzan hasta que sea insoportable el dolor de permanecer donde están" (Peter Scazzero).

Levantamos el acampamento campamento y fuimos a nuestro apartamento, el mismo que había sido recientemente amoblado de acuerdo con nuestras necesidades personales. Por increíble que parezca, el único cuarto que todavía faltaba amoblar era justamente el de Matheus. ¿Coincidencia? De ningún modo. Una señal más de que el tiempo de nuestro hijo aquí había terminado, y aquel apartamento no sería más su casa. Al llegar allá, Lucas, nuestro hijo menor, colocó la *playlist* de alabanzas que Matheus amaba escuchar, y lentamente comenzamos a doblar su ropa, separar las que queríamos donar de aquellas que todavía queríamos guardar por un tiempo. Lucas se quedó con alguna ropa y la usó por un tiempo. Yo hice lo mismo con algunas piezas que todavía tenían su aroma. Separamos una pieza para cada primo, cada amiguito, tíos y abuelos. Les pedimos que las usaran hasta que se gastaran, hasta que ellos se deshicieran de ellas definitivamente.

Me he encontrado con madres que mantienen intactos los cuartos de sus hijos que se fueron hace años. Comprendimos que posponer cada etapa de ese ritual de despedidas solo prolongaría nuestro sufrimiento.

Entonces decidimos que no seguiríamos en esa dirección. Los dolores deben ser encarados, sino lo perseguirán donde quiera que vaya. En esa batalla contra nuestros dolores, algunas veces es inevitable que nos alcancen en el camino. Cuando eso sucede, ¡encárelos! Jamás corra detrás del sufrimiento, pero, si por acaso lo alcanza a usted en el proceso, encárelo de frente, orando, llorando y clamando al Dios que tiene el poder de hacerlo superior a toda y cualquier dificultad que él le permitirá atravesar en la trayectoria de su vida.

Oramos, lloramos, pero cumplimos esa etapa más tan difícil del luto. Al final de la tarde mi hijo Lucas escribió una canción que describía exactamente nuestro sentimiento en aquel momento insoportable.

Nostalgia
La nostalgia que dejó los recuerdos
De momentos contigo
Nostalgia, la nostalgia
Que marcó en mí su ida para la eternidad.

Pero todavía voy a ver tu rostro otra vez
Juntos tendremos la alegría de vivir en unión
Yo todavía voy a ver tu rostro otra vez
Juntos tendremos la alegría de vivir.

Vivir en un lugar que es difícil de explicar
No va a haber dolor ni por qué llorar
Todos los recuerdos malos se van a olvidar
Con nuestro Dios vamos juntos a morar
En breve cuando la trompeta toque
En gloria, Jesucristo descenderá
Todos sus muertos resucitarán
La promesa se va a cumplir y la iglesia va a subir.

Y la nostalgia que yo tanto sentí
Nunca más va a existir.

Lucas Santos, *Nostalgia*

Fuimos consolados aquel día a través de esta canción de nuestro hijo. Vencimos un momento más que, solo de pensarlo, nos provocaba escalofríos frente a la dimensión del dolor que involucraba.

Otras despedidas fueron necesarias con el pasar de los días que vinieron. Tuve que despedirme, por ejemplo, de los audios de WhatsApp, con la voz de mi hijo pidiéndome las cosas en el hospital. Mi esposo oró y me separó de esa práctica que solo me traía más sufrimiento. Enfrentar aquel momento sin la presencia de Dios estaba completamente fuera de toda posibilidad. Comencé, entonces, mi batalla por sobrevivir a través de una búsqueda intensa por palabras de consuelo. Yo quería estar cerca de personas que habían superado algún dolor y habían vencido. Quería oír sus historias de superación. Yo marcaba en el reloj el tiempo de oración que deseaba pasar encerrada en mi cuarto y pedía que nadie me importunara. Yo tenía mi cuarto de guerra, y era mi *closet*, como la doctora Silvana ya reveló. Había mañanas en las cuales yo escuchaba ininterrumpidamente de tres a cuatro mensajes consecutivos, ya que la fe viene por el oír, y oír más específicamente la Palabra de Dios. Yo me sometí a sesiones de terapia, como la propia doctora Silvana ya reveló al inicio de este capítulo. Ella tuvo un papel relevante en este proceso. ¡Cómo alabo a Dios por su vida!

Otra herramienta poderosa que Dios usó para curarnos fueron nuestros amigos. Decidimos no aislarnos. Dios convocó a un ejército de amigos para ayudarnos a superar aquel momento. También decidimos continuar frecuentando la iglesia, congregándonos con los hermanos, haciendo uso de la mayor de todas las armas que teníamos a nuestra disposición: nuestra fe.

Así que la fe es por el oír, y el oír, por la palabra de Dios (Rom 10.17).

Yo tenía dos opciones: apegarme al dolor o apegarme a Dios a través de mi fe. En momentos así, cuando todo pierde el sentido y parece que la vida jamás va a recuperar su color original, solamente la fe puede mantenernos.

> *He aquí que aquel cuya alma no es recta, se enorgullece; mas el justo por su fe vivirá* (Hab 2.4).

Me gustó mucho la Nueva Versión Bíblica de la Editorial Hagnos, que dice:

> Anota esto: Los hombres perversos confían en sí mismos, sus deseos no son buenos y acaban fracasando. ¡El justo, no obstante, confía en mí y vivirá!

Mientras yo pensaba que sería una muerta-viva, viviendo por la mitad, no más que sobreviviendo sobre la faz de la tierra, quise morir. Sin embargo, cuando descubrí que el milagro era yo, deseé vivir. A través de esa revelación, Dios me presentó una nueva propuesta de vida, y yo la acepté. No obstante, yo sabía que esa vida plena solamente sería posible bajo total dependencia de Dios. "El justo vivirá por la fe" fue la respuesta de Dios al profeta Habacuc después de escuchar su desahogo y su oración de descontento. Habacuc, cuyo nombre significa "abrazo", fue abrazado por la verdad de que nuestras oraciones no siempre obtienen las respuestas más deseadas, pero que siempre serán oídas por ese Dios que no pierde un milímetro de control de nuestra vida, aunque él no siempre actúe de acuerdo con nuestras expectativas.

> *¿Hasta cuándo, oh Jehová, clamaré, y no oirás; y daré voces a ti a causa de la violencia, y no salvarás?* (Hab 1.2).

Judá estaba cercada, el pueblo de Dios sitiado y Dios parecía no interesarse. Diferente a los demás profetas, Habacuc no se levantó para profetizar a un rey o a una nación, sino osó registrar su diálogo de indignación con el propio Dios. Dios no se ofende con su desahogo, sin embargo, su respuesta no fue exactamente aquella que Habacuc esperaba. En vez de consolar y animar, Dios abrió la boca para revelar al profeta que la situación empeoraría. Él usaría a un pueblo enemigo para traer juicio sobre su pueblo.

En momentos de desespero, miedo, dolor, tristeza o angustia, lo que menos deseamos oír de la boca del propio Dios es que todo va a empeorar.

No obstante, el mismo Dios que tiene compromiso con la realidad de la vida y que no nos protege de la verdad, también nos ayuda a encararla, por más difícil que sea. En nuestra trayectoria, eventualmente, vamos a depararnos con situaciones adversas e indeseables. Esto sucede de forma recurrente en nuestra vida o en la vida de las personas que nos rodean. Lidiar con una respuesta de parte de Dios que no concuerde con nuestra expectativa es un riesgo que corremos en diversas situaciones, lo que puede engendrar en nosotros muchas crisis. La manera como vamos a vencer cada una de esas crisis hará toda la diferencia en nuestra generación y en las futuras. Cuando supo que no había cómo evitar que Judá encarara aquel momento, Habacuc tomó una actitud de alguien que tiene fe y sabe quién es Dios.

Sobre mi guarda estaré, y sobre la fortaleza afirmaré el pie, y velaré para ver lo que se me dirá, y qué he de responder tocante a mi queja (Hab 2.1).

Habacuc abrazó la realidad de los hechos impuesta por Dios, como consecuencia del pecado de la nación. Dios había tomado su decisión, pero él también presentó a Habacuc y a su pueblo una válvula de salvación: la fe.

La fe siempre estará a nuestra disposición para ser usada como el último recurso frente a las más duras pruebas de la vida. No hay límites en la vida de quien tiene fe. Nos da poder para hacer relevante la peor de las pérdidas. Nos hace resignificar las peores angustias del alma. Nos impulsa a confiar en la decisión de Dios, sea cual sea, creyendo que él no comete errores o equívocos. La fe en Dios nos hace avanzar contra nuestra propia desilusión. Quien tiene fe no desconfía de Dios, sino que cree que, de los escombros, él hará surgir nueva vida, nuevos sueños, nuevas sonrisas y nuevos amigos. La vida sigue su curso a pesar de aquello que no sucedió a nuestra manera. Por la fe entendemos que la vida que vivimos va mucho más allá de nosotros mismos, pues carga en sí un propósito eterno que involucra a nuestra generación y las futuras.

Después de recibir de Dios aquella dirección tan preciosa, Habacuc oró:

> *Oh Jehová, he oído tu palabra, y temí. Oh Jehová, aviva tu obra en medio de los tiempos, En medio de los tiempos hazla conocer; En la ira acuérdate de la misericordia* (Hab 3.2).

Habacuc abrazó su realidad y comprendió la gravedad del problema. Al mismo tiempo, sabía que no quedaría echado a su propia suerte. El Dios que le abrió los ojos para la realidad de los hechos también se encargaría de darle fuerzas para soportar cada momento de aquel proceso, por más doloroso que fuera.

Entonces Habacuc escribió una linda canción. Voy a compartir un trecho de esta con usted:

> *Oí, y se conmovieron mis entrañas; A la voz temblaron mis labios; Pudrición entró en mis huesos, y dentro de mí me estremecí; Si bien estaré quieto en el día de la angustia, Cuando suba al pueblo el que lo invadirá con sus tropas. Aunque la higuera no florezca, Ni en las vides haya frutos, Aunque falte el producto del olivo, Y los labrados no den mantenimiento, Y las ovejas sean quitadas de la majada, Y no haya vacas en los corrales; Con todo, yo me alegraré en Jehová, Y me gozaré en el Dios de mi salvación. Jehová el Señor es mi fortaleza, El cual hace mis pies como de ciervas, Y en mis alturas me hace andar* (Hab 3.16-19).

Desde los tiempos que antecedieron a Habacuc, las canciones han sido producidas en momentos de dolor. Situaciones que vinieron para matar, Dios las usó para inspirar a sus hijos, sus poetas y sus profetas. ¿Qué ha producido usted para Dios en sus momentos de crisis? ¿Cuestionamientos, preguntas y dudas? Todo es perfectamente normal, pero solo por un tiempo. Quien queda eternamente preso al tiempo de los cuestionamientos jamás tendrá autoridad para moverse al próximo capítulo de su propia vida. Nuestra vida es como un libro, que puede venir con pocas páginas o muchas. Sin embargo, sea esa vida un folleto que se puede leer en pocas horas o una enciclopedia que se lee de forma lenta y paulatina, su lectura debe ser fácil y agradable. Lo que hace nuestra vida agradable no es la cantidad de "sí" que escuchamos de Dios, sino nuestra capacidad de guardar la fe, aun delante de la gran cantidad de "no". Esa actitud hace de nosotros personas más felices, más saludables emocional, física y espiritualmente, y nos prepara para conquistas mayores en el futuro. Quedarse lastimando y culpándose por lo que pasó solo va a aprisionarnos al dolor que tanto deseamos vencer. Existen mujeres que son mucho más fieles a su dolor que al propio Dios. Eso es un desperdicio de vida.

Me gustaría aprovechar este momento y presentarles algunos datos de una investigación que nos fue cedida por la querida y preciosa doctora Rosana Alves, para que usted salga definitivamente de su lugar de incredulidad y avance con nosotros por ese camino de fe que incluso la ciencia reconoce ser el más eficaz en nuestros procesos contra dolores emocionales causados por diversos factores en la vida.

LA CIENCIA COMPRUEBA LA EFICACIA DE LA FE

Contribución de la doctora Rosana Alves[3]

Relatar conquistas y éxitos es fácil y placentero, pero hablar sobre dolor y pérdida exige coraje y resiliencia. Por eso, me siento feliz con el contenido de este libro, pues trata de la vida real, con sus problemas y sus crueles desafíos.

Preguntas como: "¿Qué hice para merecer esto?", "¿Dónde está Dios?". "¿Qué será mí ahora?", son mucho más comunes en esos momentos aterradores. ¿Desistir o persistir? ¿Confiar que el futuro será mejor o postrarse frente al dolor?

Sé que todos nosotros, en algún momento de la vida, seremos alcanzados por problemas avasalladores y tendremos que decidir cómo los

---

[3]Graduada en Psicología por la Universidad Estatal Paulista — UNESP (2001), maestría en Ciencias por la Universidad Federal de São Paulo — UNIFESP (2005) y doctorado en Ciencias por la Universidad Federal de São Paulo — UNIFESP (2009). Ha completado tres posdoctorados, dos en Brasil (UNIFESP y USP) y uno en los Estados Unidos (*Marshall University*). Tiene experiencia en Psicología, con enfoque en Neuropsicofarmacología. Actualmente es Presidente del Neurogenesis Institute (EUA).

enfrentaremos. Usted puede escoger recurrir a la fe como instrumento para enfrentarlos y sanar. Sí, sugiero tal estrategia, aun siendo científica.

Como científica y cristiana, he tenido el privilegio de verificar, en muchas investigaciones, la importancia de la fe para la salud física y emocional. Sabemos que algunos desarrollan fanatismo religioso, y eso puede ser perjudicial. Sin embargo, para las personas en general, la fe en Dios trae innumerables beneficios. Aunque el tema sea complejo y traiga acaloradas discusiones, la fe ocupa un lugar importante en lo cotidiano, generando calidad de vida. Pero no se engañe: los mejores beneficios son para aquellos que, de hecho, "experimentan" la fe y no solo "profesan" tener fe.

Un estudio interesante de Peres y colaboradores (2018) buscó evaluar el papel del sentido (significado) de la vida, la paz, la fe y la religiosidad[4] sobre la salud mental, la calidad de vida y el bienestar en un grupo de 782 adultos. Los resultados mostraron una asociación entre: (a) sentido de la vida y paz con menos depresión y más calidad de vida, (b) paz con menos estrés, (c) fe y religiosidad con más calidad de vida psicológica. El sentido de la vida y la paz estaban más fuertemente asociados con la salud, y aquellos con altos niveles de religiosidad intrínseca, pero con bajos niveles de sentido de vida y paz, tuvieron los peores resultados que aquellos con baja religiosidad y altos niveles de sentido y paz. No obstante, los religiosos que participaron de la investigación encontraron más paz y sentido para la vida que los no religiosos.

¿Entendió que encontrar un sentido para la vida y tener paz es más importante que decirse espiritual? ¡Eso es tan obvio!

---

[4]Religiosidad se refiere a los aspectos de creencia y comportamiento, incluyendo la espiritualidad, fundamentada en una religión o tradición. La religión, a su vez, es el sistema organizado de creencias, prácticas y rituales relacionados con lo sagrado, pero también puede involucrar reglas sobre conductas orientadoras de la vida en un grupo social. Puede ser practicada en una comunidad o individualmente. Así, la religiosidad puede ofrecer directrices comportamentales, procurando reducir tendencias autodestructivas y promover estrategias de enfrentamiento frente a las adversidades. Por su parte, la espiritualidad se refiere a las tentativas individuales para encontrar significado de vida y, consecuentemente, influenciará las experiencias consigo mismo, con los otros, con la naturaleza, lo cual puede incluir el sentido de involucramiento con lo trascendente o con un poder mayor.

Sentido y paz en la vida son consecuencia de una experiencia íntima con Dios. Solamente así es posible encontrar vida plena. No "diga" que tiene fe; "viva" la fe.

Orienté una tesis de doctorado, y su investigación consistió en encontrar los diez comportamientos indispensables para la superación de grandes desafíos. Fue interesante notar cómo las autoridades en el asunto describen la espiritualidad como una característica común entre aquellos que dieron la vuelta a la cima.

La fe confiere al ser humano la capacidad de enfrentar bravíamente los problemas sin perder la esperanza. Trae paz interior, sentido a la vida y alivio para los problemas emocionales (muchas veces resolviéndolos). En fin, la fe está íntimamente ligada a la felicidad.

El renombrado psicoanalista brasilero Dr. Abílio da Costa Rosa muestra en una de sus investigaciones que la religión desempeña un papel fundamental en la mejora y adaptación de individuos con trastornos sicopatológicos, además de aumentar la adecuación de la relación consigo mismo y con lo cotidiano. Para él, la eficacia de la religión está basada en la adición de sentido a la vida del individuo, lo que provoca un cambio de posicionamiento con relación a los problemas, al modo de tratarlos y al propio modo de vida.

Por ser una experiencia compleja, la espiritualidad activa muchas partes del cerebro. Regiones involucradas con el alivio del dolor, con el placer y con el altruismo son activadas en las experiencias espirituales. El lóbulo parietal derecho (región un poco arriba de la oreja) está involucrado con la creencia en el poder divino. Es interesante notar que esa misma región disminuye el enfoque en nosotros mismos, permitiendo que pensemos en el bienestar de los otros.

Aunque la espiritualidad desempeñe un papel fundamental para la salud física y emocional del individuo, eso no significa que las personas ligadas a esta no sufrirán. El sufrimiento es inherente al ser humano y, en algún momento de la vida, cualquier puede enfrentarlo. Las propias religiones reconocen que todos pueden sufrir y que la religión debe ofrecer soporte necesario para esos momentos de dolor. Así, quiero compartir con usted algunos de los beneficios de una vida de comunión con Dios:

- La oración hace bien al corazón: las personas que oran sufren menos de enfermedades del corazón y de tensión muscular. Orar también reduce la ansiedad y la depresión, mejora la memoria y perfecciona el aprendizaje.
- La religiosidad puede proteger de la depresión: los estudios indican que individuos con depresión tiene na corteza cerebral más fina. Sin embargo, individuos con predisposición para desarrollar depresión, pero con alto nivel de espiritualidad y fe, presentan una corteza más gruesa, previniendo la depresión.
- La religiosidad actúa como protectora contra el consumo de drogas. Entre personas que tuvieron educación religiosa formal en la infancia, creen que la religión es importante para su vida, son practicantes de las doctrinas que creen ser verdaderas y frecuentan la iglesia regularmente, la religión influencia significativamente la abstinencia de las drogas. Un estudio brasilero realizado por Sánchez y colaboradores identificó que "la mayor diferencia entre adolescentes usuarios y no usuarios de drogas sicotrópicas, de clase socioeconómica baja, era su religiosidad y la de su familia. Se observó que 81% de los no usuarios practicaban la religión profesada por voluntad propia y admiración, y que solo el 13% de los usuarios de drogas hacían lo mismo". Las estrategias preventivas son también eficaces en el tratamiento de las drogas: lazos familiares saludables y práctica religiosa se presentan eficientes en la recuperación de dependientes químicos. Demás de la fe religiosa, otros factores contribuirían para el éxito del tratamiento de la dependencia: la presión positiva del grupo religioso para mantenerse "limpio", acogida del grupo (todos son considerados hermanos) y la oferta de reestructuración de la vida con el apoyo incondicional de los líderes religiosos.

¿Y, con el dolor extremo, como aquel provocado por la muerte de alguien que amamos? ¿Cómo volver a vivir y encontrar sentido para la vida? ¡Debo decirle que la fe y sus herramientas continúan siendo indicadas!

Vinde, pois, e arrazoemos (Is 1.18).

El mismo Dios nos invita al diálogo como forma de enfrentar los problemas. ¡Él ya sabía que desahogarse hace bien al cerebro! Relatar lo que ocurrió modifica el cerebro, restaurando el bienestar y la felicidad. Los estudios de Peres y colaboradores indican eso.

Estos científicos realizaron un estudio con dieciséis pacientes que sufrieron estrés postraumático parcial (que no presentaron todos los criterios de diagnóstico). Los pacientes pasaron por ocho sesiones de sicoterapia, en las cuales los individuos hicieron una narración de los momentos traumáticos. Después, fueron invitados a recordar situaciones difíciles que vivieron anteriormente y la sensación positiva que tuvieron al superar el problema. Tomografías al final del tratamiento revelaron que el funcionamiento cerebral fue modificado después de la narración. "Quien pasó por la sicoterapia presentó mayor actividad en la corteza prefrontal, que está involucrada con la clasificación y el 'rotulado' de la experiencia", dice Peres. "Por otro lado, la actividad de la amígdala, que está relacionada con la expresión del miedo, fue menos intensa". Eso fortalece la tesis de que hablar sobre el problema ayuda a la persona traumatizada para controlar la memoria del dolor que sufrió.

¡Por eso Dios dejó la oración como medio de hablar con él y los hermanos en Cristo para apoyarnos cuando necesitamos desahogarnos! Y, no menos importante, existen los profesionales de la salud mental, que ofrecen ayuda indiscutible para quien necesita lidiar con los traumas. Vale la pena resaltar que no es indicado "abrir el corazón" a cualquier persona, pues no todos están preparados para ofrecer ayuda. Sin embargo, no deje de hablar sobre su dolor, pues desahogarse hace parte del proceso de superación.

Me gustaría escribir mucho más, pero quiero concluir invitándola a encontrar en la espiritualidad el soporte necesario para vivir con más calidad de vida.

No sé cómo usted ha encarado su espiritualidad, pero deseo haber despertado o intensificado su deseo de invertir más en ese aspecto de su vida, para que su felicidad sea completa. Que los preconceptos o cualquier otro problema no le impidan experimentar los beneficios de esa experiencia extraordinaria.

¡Sea feliz!

ALVES, R. A. *La neurociencia de la felicidad*, São Paulo, 2018.

Conclusión

Pero sin fe es imposible agradar a Dios; porque es necesario que el que se acerca a Dios crea que le hay, y que es galardonador de los que le buscan (Heb 11.6).

Estoy segura de que esta contribución tan profunda de la doctora Rosana, acoplada a mis reflexiones y experiencias personales, así como a las amigas que gentilmente cedieron las suyas, van a ayudarla, querida lectora, a encontrar su lugar de relevancia en medio de ese caos emocional producido por las pérdidas que usted ha vivido. Perder nunca es algo alentador, a menos que sea peso en exceso. La verdad es que a nadie le gusta perder. Pero las pérdidas vienen en el paquete de la vida.

> Si yo venzo, te adoro
> Si yo pierdo, te adoro
> Si yo subo, te adoro
> Si yo desciendo…
> Adorarte es mi placer
> Mi fuerza viene del Señor
> Nada puede callar a un adorador…
>
> Eyshila, *Nada puede callar a un adorador*

No debemos anticipar el sufrimiento, pero debemos estar dispuestas y preparadas para las pérdidas a través de una vida de fe basada en una relación íntima y personal con Dios. En Dios nada se pierde, ni siquiera nuestras lágrimas. Estas son aprovechadas y transformadas en testimonios y lindas canciones.

Si existe algo que la muerte va a intentar llevarse de usted es su identidad. ¡No lo permita! Asuma su lugar de "milagro" en medio de su adversidad. Cuando lo imposible no sucede, cuando la respuesta no viene de la forma esperada, cuando un viento contrario nos sorprende,

Cuando usted no sea capaz de comprender, sea *usted* el milagro. Antes que Dios realice el milagro que deseamos en esta vida, él desea que seamos el milagro que esta generación necesita. Basta de mirarse en el espejo como una derrotada, dando disculpas incoherentes para su decisión de permanecer estancada en el dolor. Yo respeto su dolor, yo entiendo que debe encontrar su espacio para expresarse, yo entiendo y concuerdo con sus lágrimas, con el clamor, con los cuestionamientos y con todo el proceso que la superación de una pérdida involucra, sea cual sea. Lo que no entiendo es cómo alguien que puede encontrar sanidad en Dios permanece apretado, estancado y paralizado en el mismo lugar por años, negando cualquier ayuda que se le propone. Quien se rehúsa a ser sanado hoy va a acumular sus dolores mañana. Las tempestades no respetarán lutos o luchas, por mayores que sean.

Dos años después de la partida de Matheus, ya tengo otros desafíos delante de mí. Jamás sería capaz de lidiar con los dilemas de hoy si no hubiera aceptado ayuda y sido curada de las crisis del pasado. Todavía estoy en mi proceso, pero ya recorrí un camino significativo. El Dios que me sustentó hasta aquí completará su obra en mí. Yo quiero ser sanada, quiero proseguir, quiero vivir para ver días mejores que aquellos que ya viví. ¿Días todavía mejores que aquellos que viví al lado de mi hijo cuando él estaba vivo? ¿Cómo eso es posible? Solamente por la fe. Pero yo decidí abrazar la fe y vivir por ella. Decidí no negociar la presencia de Dios en todo y cualquier momento de mi vida, sea cual sea el nombre de la crisis que estuviera pasando o el demonio que estuviera levantándose contra mí. Dios no me ama menos en días peores. Dios no me ama más en días mejores. Yo creo que, haya lo que haya, pase lo que pase, nada podrá separarme del amor de mi Dios.

Quiero cerrar haciendo uso del texto del querido apóstol Pablo, el mismo texto que usé cuando me fue dada la palabra en el entierro de mi hijo, el 15 de junio de 2016.

> *¿Qué, pues, diremos a esto? Si Dios es por nosotros, ¿quién contra nosotros? El que no escatimó ni a su propio Hijo, sino que lo entregó por todos nosotros, ¿cómo no nos dará también con él todas las cosas? ¿Quién acusará a*

CONCLUSIÓN

los escogidos de Dios? Dios es el que justifica. ¿Quién es el que condenará? Cristo es el que murió; más aun, el que también resucitó, el que además está a la diestra de Dios, el que también intercede por nosotros. ¿Quién nos separará del amor de Cristo? ¿Tribulación, o angustia, o persecución, o hambre, o desnudez, o peligro, o espada? Como está escrito: Por causa de ti somos muertos todo el tiempo; Somos contados como ovejas de matadero. Antes, en todas estas cosas somos más que vencedores por medio de aquel que nos amó. Por lo cual estoy seguro de que ni la muerte, ni la vida, ni ángeles, ni principados, ni potestades, ni lo presente, ni lo por venir, ni lo alto, ni lo profundo, ni ninguna otra cosa creada nos podrá separar del amor de Dios, que es en Cristo Jesús Señor nuestro (Rom 8.31-39).

Mujer, el milagro es usted que ya tiene una "victoria aplastante" por medio de aquel que la amó. Usted no tiene que ser fuerte para buscar a Dios. Lo que usted necesita es buscar a Dios para ser fortalecida. El infierno nunca va a renunciar a usar sus dolores y pérdidas para derrotarla, pero Dios siempre estará dispuesto a usar toda y cualquier dificultad para promover, levantar y perfeccionarla. Por tanto, cuando las dificultades y desafíos insoportable se la vida lleguen gritando cuán derrotada, triste y perdedora usted es, use en su defensa nuestro grito de guerra. ¿Qué tal si gritamos juntas, ahora mismo? ¡Vamos! 1, 2, 3 y…

¡NADA PUEDE CALLAR A UNA MUJER DE FE!

https://bit.ly/2uNdq8h

Bibliografía consultada en la parte
"la ciencia comprueba la eficacia de la fe"

BLUM, R.W. et al. *Adolescent health in the Caribbean: risk and protective factors.* Am J Public Health, v.93, n.3, p.456-60, 2013.

COSTA-ROSA, A. *Curas místico-religiosas e psicoterapia.* Estudos de Religião. São Bernardo do Campo. 16:123-139, 1999.

DALGALARRONDO, P.; SOLDERA, M.A.; CORREA FILHO, H.R.; SILVA, C.A.M. *Religião e uso de drogas por adolescentes.* Rev Bras Psiquiatria, v.26, n.2, p.82-90, 2004.

HODGE, D.R.; CARDENAS, P.; MONTOYA, H. *Substances use: spirituality and religious participation as protective factors among rural youths.* Soc Work Res, v.25, n.3, p.153-60, 2001.

JOHNSTONE, B. *Spirituality, religion and health outcomes research: n-dings from the Center on Religion and the Professions.* Mo Med., v.106, n.2, p.141-4, 2009.

MILLER, L. et al. *Neuroanatomical correlates of religiosity and spirituality: A study in adults at high and low familial risk for depression.* JAMA Psychiatry, v.71, n.2, p.128-35, 2014.

MILLER, L.; DAVIES, M.; GREENWALD, S. *Religiosity and substance use and abuse among adolescents in the national comorbidity survey.* J Am Acad Child Adolesc Psychiatry, v.39, n.9, p.1190-7, 2000.

MOSS, A.S. et al. *An adapted mindfulness-based stress reduction program for elders in a continuing care retirement community: quantitative and qualitative results from a pilot randomized controlled trial.* J Appl gerontol., v.34, n.4: p.518-38, 2015.

PERES J.F. et al. *Cerebral blood flow changes during retrieval of traumatic memories before and after psychotherapy:* a SPECT study. Psychol Med. 2007 Oct;37(10):1481-91. 10.1017/S003329170700997X>

PERES M.P.F., KAMEI H.H., TOBO P.R., LUCCHETTI G. *Mechanisms Bibliografia consultada na parte a ciência comprova a eficácia da fé*

Behind Religiosity and Spirituality's Effect on Mental Health, Quality of Life and Well-Being. J Relig Health. 2018 Oct;57(5):1842-1855. doi: 10.1007/s10943-017-0400-6.

PIKO, B.F.; FITZPATRICK, K.M. *Substance use, religiosity, and other protective factors among Hungarian adolescents*. Addict Behav, v.29, n.6, p.1095-107, 2004.

RYAN, M.J. *O poder da adaptação* [tradução de Paulo Polzonoff Jr.]. Rio de Janeiro: Sextante, 2012.

SANCHEZ, Z.V.M.; OLIVEIRA, L.G.; NAPPO, S.A. *Fatores protetores de adolescentes contra o uso de drogas com ênfase na religiosidade*. Ciência e Saúde Coletiva, v.9, n.1, p.43-55, 2004.

SANCHEZ, Z.; VAN DEER M.; NAPPO, S.A. *Intervenção religiosa na recuperação de dependentes de drogas*. Saúde Pública, v.42, n.2, p.265-72, 2008.

STYLIANOU, S. *The role of religiosity in the opposition to drug use*. Int J Offender Ther Comp Criminal, v.48, n.4, p.429-48, 2004.

TEJON, J. L. *A grande virada: 50 regras de ouro para dar a volta por cima*. São Paulo: Gente, 2008.

https://bit.ly/2WKr1sX

EYSHILAOFICIAL

@EYSHILASANTOS

EYSHILAOFICIAL

@EYSHILA1

Contactos para invitaciones: Agendaeyshila@gmail.com
Teléfono: (XX-21) 99921-0232

Su opinión es importante para nosotros. Por favor, envíe sus comentarios al correo electrónico
editorial@hagnos.com.br

Visite nuestra página web:
www.mundohagnos.com

Esta obra fue compuesta en la fuente Goudy Old 11,5/15,6 e y impressa en la Imprensa da Fé.
São Paulo, Brasil.
otoño de 2021.